A MENSAGEM VIVA DE JESUS

Neil Douglas-Klotz

A MENSAGEM VIVA DE JESUS

Uma Jornada de 40 Dias para Despertar, Curar a Alma e Viver com Propósito

Tradução
Euclides Luiz Calloni
Cleusa M. Wosgrau

Editora
Pensamento
SÃO PAULO

Título do original: *The Aramaic Jesus Book of Days.*

Publicado mediante acordo com Red Wheel/Weiser através da International Editors & Yañez Co' S.L.

1ª edição 2025.

Editor: Adilson Silva Ramachandra
Gerente editorial: Roseli de S. Ferraz
Gerente de produção editorial: Indiara Faria Kayo
Preparação de originais: Kícila Ferreguetti
Editoração eletrônica: Join Bureau
Revisão: Claudete Agua de Melo

Dados Internacionais de Catalogação na Publicação (CIP)
(Câmara Brasileira do Livro, SP, Brasil)

Douglas-Klotz, Neil
A mensagem viva de Jesus: uma jornada de 40 dias para despertar, curar a alma e viver com propósito / Neil Douglas-Klotz; tradução Euclides Luiz Calloni, Cleusa M. Wosgrau. – São Paulo: Editora Pensamento, 2025.

Título original: The aramaic Jesus book of days.
ISBN 978-85-315-2455-4

1. Crenças 2. Espiritualidade – Cristianismo 3. Jesus Cristo – Ensinamentos 4. Literatura devocional I. Título.

25-293598.0 CDD-242

Índices para catálogo sistemático:

1. Literatura devocional: Cristianismo 242
Eliane de Freitas Leite – Bibliotecária – CRB 8/8415

Direitos de tradução para o Brasil adquiridos com exclusividade pela
EDITORA PENSAMENTO-CULTRIX LTDA., que se reserva a
propriedade literária desta tradução.
Rua Dr. Mário Vicente, 368 – 04270-000 – São Paulo – SP – Fone: (11) 2066-9000
http://www.editorapensamento.com.br
E-mail: atendimento@editorapensamento.com.br
Foi feito o depósito legal.

Para todos os buscadores que
querem ardentemente encontrar.

SUMÁRIO

MINHA HISTÓRIA

Meus pais eram cristãos livre-pensadores, profundamente envolvidos com saúde holística, jardinagem orgânica e contato com a sabedoria interior. Gosto de dizer que, além de ouvir histórias da Bíblia todas as noites antes de dormir, fui criado com uma "santíssima trindade" de três Cs: (*chiropractic*) quiropraxia, (Rachel) Carson e (Edgar) Cayce. Como parte da educação luterana, também memorizei longas passagens da tradução da Bíblia King James e quase todo o Pequeno Catecismo de Lutero. Conquanto tudo isso tenha me proporcionado uma infância incomum, nunca me lamentei disso. No entanto, o que eu jamais teria previsto foi o meu envolvimento com a língua aramaica de Jesus. Foi tão somente porque também cresci ouvindo várias línguas na casa dos meus avós (alemão, polonês, iídiche) que pensei, "até que ponto pode ser difícil?". Mal sabia eu.

Durante vários séculos, o mundo acadêmico dividiu linguagem, psicologia, filosofia, espiritualidade e ciência. Então, para encurtar a história, meu doutorado em estudos religiosos acabou combinando a antiga hermenêutica (teoria da interpretação) da língua semítica e a psicologia somática (orientada para o corpo) para poder começar a articular uma epistemologia (uma forma de conhecimento) que se aproximasse da expressa por Yeshua. Além disso, é preciso também aprender a usar outra linguagem — a acadêmica. Todavia, meu interesse e paixão eram motivados pelas experiências espirituais de Jesus da minha infância, além de outras posteriores, quando comecei a cantar a primeira palavra de sua oração em aramaico: *Abwun*. Então, graças aos dons com que nasci e às ferramentas que adquiri, todos os meus estudos acadêmicos se voltaram ao esforço de estabelecer relações omitidas por outros estudiosos.

Aproximando os que duvidam que Jesus tenha dito alguma coisa e os que acreditam que ele disse tudo o que os Evangelhos relatam, a simples e inegável mensagem deste livro, como a dos meus outros, é que *quando ou se Jesus disse alguma coisa, ele o disse em aramaico*. Isso considerado, por que não apreciar suas palavras e ações pelo modo de conhecer inerente à sua linguagem?

INTRODUÇÃO

VISÃO DE VIDA DO JESUS ARAMAICO

Convido você a mergulhar na visão de vida revelada pelas palavras de Jesus por meio do seu idioma nativo, o aramaico. Essa visão pode mudar sua vida, literalmente, como mudou a minha. O que você vai ler é muito diferente do que ouvimos ou aprendemos de outras autoridades, sejam elas religiosas ou seculares.

Como está dito no "Breve Guia Introdutório", não podemos entrar no caminho espiritual de Jesus expondo um conjunto de conceitos ou crenças, ou oferecendo um programa gradual aplicável a todos. Crenças e conceitos fixos fundamentam programas de autoajuda, de teologias e de teorias acadêmicas. Esses e outros construtos da mesma natureza surgem muito depois do tempo de Jesus e não se aplicam à sua maneira de viver a vida.

Depois de manusear este livro como oráculo durante algum tempo, procure extrair o máximo de proveito dele dedicando-se a cada um dos seus capítulos no decorrer de seis semanas.

Essa é a razão da sua composição em quarenta capítulos. No antigo sudoeste asiático ("Oriente Médio"), quarenta dias era o tempo considerado necessário para se receber uma inspiração ou visão verdadeira, para liberar uma memória entranhada ou para produzir uma mudança radical. Por exemplo, Moisés passou quarenta dias no alto da montanha e Yeshua se isolou quarenta dias no deserto após ser batizado por João.

Os capítulos giram em torno de vários temas, sempre reforçando e visando a ajudá-lo a se aprofundar no modo de Yeshua perceber a vida, o qual inclui os mundos visível e invisível. Alguns aspectos podem parecer estranhos no início, visto que essas percepções – hoje classificadas como "místicas" ou "espirituais" – não são valorizadas na cultura contemporânea. No entanto, elas fizeram parte da maneira humana de viver a vida durante dezenas de milhares de anos.

Estrutura dos Capítulos

Cada capítulo começa com uma breve leitura para o dia (ou para o momento). Em seguida, você encontra algumas **Palavras-chave** pertencentes ao aramaico, a língua materna de Yeshua. Na sequência, apresento uma reflexão sobre situações da vida cotidiana e sobre o que Yeshua tem a dizer a respeito delas em um dos quatro Evangelhos canônicos ou no Evangelho de Tomé. Às palavras específicas dele, segue-se uma interpretação expandida do texto em aramaico. Notas de rodapé oferecem a tradução mais conhecida das mesmas palavras extraída da versão inglesa King James (KJV). Prosseguindo, a seção **Raízes e Ramos** analisa brevemente as palavras-chave, raízes e seus sentidos alternativos. E então você chega à seção **Mensagem para Hoje**, que o convida a refletir sobre o que acontece em sua vida em consonância com as palavras de Yeshua. Por fim, a seção **Contemplação** serve-se de modo especial das sensações da respiração e da percepção corporal das principais palavras aramaicas; essa tomada de consciência é essencial para a experiência da visão de vida mais integrada e incorporada de Yeshua. Números entre parênteses (nº) referem-se a dias anteriores, ou seja, a capítulos. Os apêndices oferecem referências aos conteúdos da Oração de Yeshua e às suas Bem-aventuranças, os quais podem servir de inspiração para meditações em situações de retiros mais breves.

Por favor, não se distraia no afã de pronunciar os termos aramaicos da maneira mais correta. Essa é uma armadilha comum do nosso *naphsha*, o pequeno self. Primeiro, ninguém sabe exatamente como Jesus pronunciava seu aramaico no primeiro século da era cristã. Na seção Contemplação, as palavras-chave empregadas são extraídas da versão Peshitta siríaca (ver a próxima seção), e inclusive são pronunciadas de maneiras diferentes atualmente por diversos grupos aramaico-cristãos. Eu adoto uma combinação das principais pronúncias dessa diversidade em paralelo com nuances da maneira como o hebraico antigo teria sido pronunciado (semelhante à língua samaritana de hoje). Essa circunstância teria influenciado os falantes nativos do aramaico na época de Jesus.

Muito importante: se você ouvir o som claro das palavras em seu coração e em torno dele, sua intenção de meditar, rezar e harmonizar sua vida entrará em sintonia com sua pronúncia, sua respiração e sua sensação interior das palavras para ajudá-lo a se unir à sua *ruha*-alma, com o auxílio de Yeshua. Sentir interiormente as palavras de Yeshua é um modo tradicional, e eficaz, de entrar em contato direto com o ambiente espiritual d'Ele. Mais adiante, se desejar ouvir e aprender a pronúncia das palavras da oração de Jesus (a "Oração do Senhor") ou das Bem-aventuranças em Mateus, você as encontra baixando o áudio, em inglês, do meu site. Não omita as Contemplações. Não se trata de aprender ideias, mas de mudar sua maneira de ver, sentir e agir.

O Que Não Está Aqui

Fontes e linguística. Os ditos aramaicos de Yeshua são citações da versão aramaica siríaca dos Evangelhos (Peshitta) usada por todos os cristãos falantes do aramaico atualmente. Não sendo uma fonte oculta ou secreta, essa versão está amplamente disponível, embora seja necessário saber ler raízes semíticas em múltiplos níveis (ver abaixo). Aqui, apresento apenas uma análise gramatical simples das raízes de todas as palavras-chave. Além disso, você não encontrará transliterações acadêmicas formais (transladando para o português caracteres com sinais diacríticos, como pontos, por exemplo), mas poderá conhecê-las, em inglês, no meu livro *The Hidden Gospel* ["O Evangelho Oculto"]. Caso você se interesse por mais referências sobre tudo isso, recomendo meu livro mais recente *Revelations of the Aramaic Jesus* ["Revelações do Jesus Aramaico"], no qual ofereço explicações mais amplas e profundas, além de uma extensa bibliografia de fontes.

Traduções de termos aramaicos "palavra por palavra". A minha interpretação dos ditos neste livro é mais pessoal do que as argumentações expostas em obras anteriores. Apresento aqui os significados que mais me auxiliaram e mais influenciaram o meu modo de fazer escolhas na vida. As línguas semíticas antigas e seus sistemas de significado baseados em raízes e padrões possibilitam vários níveis de interpretação. Quero com isso dizer que é possível a existência de inúmeras traduções "literais" (palavra por palavra, letra por letra) ao mesmo tempo.

Somando-se a essa diversidade de sentidos, línguas semíticas antigas como o aramaico utilizam as preposições de forma diferente da nossa. Isso ocorre devido à maneira como as pessoas percebiam o tempo e o espaço. A mesma preposição que significa, por exemplo, "dentro", (*b*), também pode ser traduzida literalmente como "entre" ou "em torno/ao redor". Assim, o que aparece "fora" reflete o que aparece "dentro" e vice-versa. Do mesmo modo, os verbos das línguas semíticas antigas (incluindo os antigos hebraico, cananeu, babilônio, egípcio e o árabe corânico) não separam rigidamente passado, presente e futuro. Os linguistas classificam essas línguas como "sincrônicas", indicando que as concepções de tempo que hoje dividimos podem ser percebidas como interligadas. Por fim, não havia separação entre o que chamamos de "corpo" e "espírito". Todos esses fatores e outros que podem surpreendê-lo influenciam o modo como podemos ouvir as palavras de Yeshua.

Se você está interessado em saber como interpreto aqui os múltiplos sentidos das palavras de Yeshua, levando em consideração o contexto todo do idioma aramaico, *Revelations of the Aramaic Jesus* é de novo seu melhor guia. Em notas e comentários, abrevio *esse livro* como "RAJ", *The Hidden Gospel* é abreviado como "HG," e a outra fonte principal, meu livro *Desert Wisdom* ["Sabedoria do Deserto"], como "DW". Você não precisa ler nenhum desses livros previamente para se beneficiar deste que tem em mãos. Este é um livro para meditação, oração e experiência espiritual, não para estudo textual.

Alguns Conceitos Importantes

Lembrando o que mencionei a respeito do perigo de expor conceitos, esclareço a seguir o significado de algumas palavras essenciais para a compreensão da cosmovisão semítica antiga. Suas formas aramaicas são transliteradas aproximadamente de acordo com os sistemas de transcrição dos idiomas ocidentais. Esses termos surgirão com frequência, de sorte que o modo aparentemente paradoxal de perceber a vida irá aos poucos sedimentar-se, revelando uma profundidade que você ainda não consegue imaginar.

Naphsha: O "sopro" (respiração) que permanece dentro de nós pelo período em que vivemos na carne, isto é, no tempo e no espaço. Ele cria a manifestação e a percepção de um "self pessoal", um "eu". Para simplificar, refiro-me a ele como "self". A King James Version (KJV) e outras versões bíblicas em inglês traduzem equivocadamente esta palavra, ou seu equivalente grego, como "vida", "alma" ou "self".

Ruha: O "sopro" maior (respiração) da Realidade que nos mantém, assim como ao nosso *naphsha*, dentro dele. Ele se estende desde antes do nosso nascimento físico até depois da nossa "morte" física (ou "transição", uma tradução melhor do aramaico). Refiro-me a ele aqui como "alma". A KJV o traduz como "vento", "ar" ou "espírito". Entendo que as palavras "*self*" e "alma" são usadas de modo diferente em vários textos ou teorias psicológicas da personalidade. (Por exemplo, o que Carl Jung chama de "*Self*" é, nesses termos, *ruha*, a alma.)

Nuhra: Luz. Não apenas a luz natural, mas a que desperta e ilumina todos os nossos sentidos – visão, audição, olfato, paladar, tato e consciência corporal. Esta última não é uma percepção específica, mas é a que vê e sente por meio de nós ou dentro de nós.

Alaha: É a palavra que Yeshua usa para "Deus", mas que teria uma tradução melhor como "Realidade" ou "realidade" (as antigas línguas semíticas não têm letras maiúsculas). As raízes da palavra apontam para a união de "sim" ou "algo" e "não" ou "nada". É semelhante às palavras *Elohim* em hebraico, *Elat* em cananeu antigo e *Allah* em árabe.

Malkuta: Em geral traduzida como "reino", mas na verdade de gênero feminino. Suas raízes remetem a uma experiência tanto de visão quanto de poder de dar forma à visão. Uma das palavras mais usadas por Yeshua em ditos, curas e parábolas.

Leba: "Coração", o lugar em que *naphsha* e *ruha* podem se unir conscientemente e trazer "o céu à terra". Inclui, mas sem se restringir, ao que chamamos de coração físico.

Huba: Uma das diferentes palavras aramaicas para "amor", neste caso, uma amizade e amor conscientemente escolhidos que pode transcender ou anular a memória, e também a aparente fronteira entre uma vida e outra. O *Cântico dos Cânticos* (Ct 8,6) emprega o equivalente hebraico na afirmação "o amor é forte como a morte".

Hayye: Vida e energia vital, viver e qualidade de estar vivo ou ter vida ao longo de todos os tempos, antes do nascimento, durante a vida encarnada e após a morte.

Hakima: Sentido Sagrado ou Sabedoria Sagrada, isto é, o que une as percepções de todos os nossos sentidos dentro de nós. De gênero feminino e mais conhecida por seu nome grego posterior, *Sophia*.

Eu poderia expandir esta lista, mostrando que os significados das raízes das palavras-chave nas antigas línguas bíblicas e outras línguas semíticas, bem como a visão de mundo e cosmologia que revelam, foram comuns aos povos dessa região por milhares de anos. Como esclareço em RAJ, esse modo de perceber a vida sem dúvida deriva de uma visão da realidade antiga, nômade e pré-agrícola.

Alguns Pressupostos Falsos

Ao realizar este trabalho ao longo de mais de quatro décadas e ler o que as pessoas dizem sobre ele, especialmente *on-line*, defronto-me com três grandes pressupostos falsos. Abordo-os mais detalhadamente em *Revelations of the Aramaic Jesus*, mas para lhe poupar tempo, destaco os seguintes:

1. **Não estou retraduzindo do inglês para o aramaico.** Uso como texto-fonte a versão Peshitta siríaca da Bíblia (ver comentário acima). A cópia mais antiga dessa versão é apenas um pouco mais recente do que a versão grega mais antiga. Os cristãos aramaicos dizem que não preservaram cópias de manuscritos antigos como algo sagrado, mas os recopiaram e conferiram antes de queimar ritualmente a cópia antiga. Relatam que tiveram Escrituras em suas casas durante centenas de anos antes que o cristianismo ocidental autorizasse as pessoas comuns a dispor delas.*
2. **O siríaco é uma variante linguística diferente do aramaico que Jesus teria falado.** Algumas maneiras de pronunciar as palavras podem ter sido diferentes, mas *todas* as raízes semíticas das palavras que Jesus *deve ter usado* são as mesmas tanto no aramaico palestino do primeiro século quanto no siríaco um pouco posterior.

---

* Ver LAMSA, George. *New Testament Origin*. San Antonio: Aramaic Bible Center, 1976.

A tradução das raízes das línguas semíticas antigas implica quatro aspectos: a língua real, a visão de mundo e o modo de conhecer (epistemologia) desses povos antigos, a intenção do tradutor e a experiência pela qual ele está disposto a passar. Essa é a base do que a tradição bíblica hebraica denomina *midrash* e a tradição corânica árabe, *taw'il*. Por estar envolvido com os estudos acadêmicos bíblicos durante muitos anos, posso dizer que praticamente todos os estudiosos das línguas bíblicas ignoram a questão epistemológica, porque uma reflexão séria revelaria que estão lendo em textos bíblicos antigos sua própria maneira moderna de viver a vida. Incluem-se aí estudos culturais e antropológicos da vida antiga. Simplificando, a consciência humana e a nossa maneira de viver a realidade não são as mesmas daquela época.

3. **"Se eu tivesse uma tradução da Peshitta palavra por palavra, todos os ensinamentos de Yeshua seriam revelados."** Sou muito questionado sobre essa questão. Pelos comentários precedentes, deve estar claro que isso não é possível se alguém deseja mergulhar nas profundezas do que as palavras e ações de Jesus podem revelar. O fato de alguém, mesmo um falante nativo, conhecer uma forma de aramaico, não o prepara para essas profundezas se ele não deseja viver essa experiência. Em vez disso, ele pode preferir permanecer nos limites de certa estrutura conceitual teológica ou acadêmica que mantém sua vida e self seguros fora dela. O mesmo se

aplica à compreensão de outras línguas e textos sagrados. O fato de uma pessoa conhecer grego, sânscrito, páli, hebraico, árabe ou chinês antigos, por exemplo, não faz dela uma pessoa espiritualizada, um místico ou mesmo um ser humano melhor. Fosse assim, o mundo seria um lugar muito diferente. Como seres humanos, podemos escolher livremente o objeto ao qual dirigir o foco da nossa atenção na vida. Esta é a beleza e ao mesmo tempo o terror do modo como a nossa consciência evoluiu nos dias atuais.

Por Que Este Livro?

Este livro adota uma abordagem de dentro para fora em comparação com os meus escritos anteriores sobre Jesus. Ele começa com o que podemos estar vivendo na vida e em seguida nos oferece a oportunidade de ouvir de Yeshua palavras de sabedoria sobre o que vivemos. Descobri que as pessoas mudam de perspectiva a partir do momento em que amortecem o choque de que Jesus falava sobre a vida de um modo muito diferente daquele ensinado pela maioria das ramificações do cristianismo e pelos estudiosos do "Jesus histórico". Elas não querem mais cada frase ou dito retraduzido, mas se entusiasmam por poder aplicar em sua vida tudo o que ouvem. Elas podem ter passado anos pensando que Jesus ou sua educação cristã eram o problema, e então procuraram refúgio em outras tradições ou métodos, apenas para descobrir que, depois de tudo, nenhum método, fórmula ou direção substitui a descoberta pessoal do próprio caminho a seguir.

Yeshua confirma essa realidade. Ele nos orienta para o que chamo de verdadeiro "GPS" (*shrara*) do nosso coração como guia pela vida. Despertar esse coração mais profundo em vez de suas camadas superficiais foi uma das suas mensagens mais importantes. Suas palavras também apontam a direção para onde nossa consciência humana se inclina e, mais importante, como trabalhar com ela de maneira proveitosa.

Este livro é dedicado aos leitores que querem desenvolver sua plena humanidade hoje, redescobrindo o modo de unir em harmonia a vida interior e a vida exterior, encontrando o "Cristo Cósmico" dentro de si e em torno de si mesmos. Se alguns de nós fizermos isso, talvez encontremos uma nova maneira que possibilite aos seres humanos sobreviverem e inclusive prosperarem no futuro.

BREVE GUIA INTRODUTÓRIO

1. **Mergulhe, molhe-se e nade.** Encontrar o caminho espiritual do Jesus Aramaico (Yeshua) significa viver a vida a partir de uma nova perspectiva. Não procure um pacote enfeitado de crenças ou conceitos. No mundo de Yeshua, a mente e o coração humanos não operavam de acordo com os nossos esquemas, planos ou marcadores modernos. Os ensinamentos giravam em torno de "quem tem ouvidos para ouvir" até serem absorvidos, no momento certo!

2. **Caso você *não* queira começar do início.** Leia a Introdução para uma breve orientação e então dedique-se imediatamente ao livro. Feche os olhos, respire algumas vezes com a palma da mão sobre o coração e pergunte o que você precisa ouvir nesse dia. Em seguida, abra os olhos, abra o livro aleatoriamente, e leia, como se fosse um oráculo. Seja qual for a página aberta, você encontrará nela uma nova mensagem. Deixe-se guiar por sua

intuição. Passados alguns dias ou semanas, é possível que você se sinta motivado a começar a ler o livro a partir do início e a continuar pelos quarenta dias seguintes.

3. **Meditação diária.** Cada dia inclui uma breve contemplação guiada que o convida a transformar o pensamento do dia em prática vivida — algo que você vivencia interior e exteriormente, e o estimula a agir. Temas diversos aparecem e reaparecem, como motivos musicais, propiciando que a luz e o entendimento se manifestem instantaneamente. A tentativa de imaginar o que pode acontecer tende a dificultar essas experiências. As contemplações, feitas com o apoio da respiração, do som e da consciência corporal, são essenciais para receber os benefícios integrais do que Yeshua nos oferece.

4. **Retiro de quarenta dias.** No mundo antigo, o período de quarenta dias, em torno de seis semanas, era considerado o tempo necessário para produzir avanços decisivos na vida. Se você se comprometer com apenas alguns minutos por dia, poderá alcançar resultados extraordinários. Assim, de hoje em diante, sempre que sua intuição se manifestar, tome o livro em suas mãos e volte a manuseá-lo como um oráculo.

5. **Procure e siga.** Você também pode consultar os apêndices ou o índice remissivo para localizar um determinado tema e, a partir daí, seguir um assunto específico — por exemplo, afirmações sobre a luz. Entre os objetivos do livro está o de avivar sua intuição. Não se

preocupe em fazer tudo certo ou em saber a pronúncia exata das palavras aramaicas. Esses são dois desvios bem conhecidos do caminho para o coração de Yeshua.

6. **Reserve um tempo todos os dias para soltar-se, relaxar e estar aberto à voz da sua alma.** A vida nos apresenta muitos desafios aparentemente urgentes ou sérios, assim como várias oportunidades, programas e métodos de crescimento. O caminho espiritual de Yeshua mostra que precisamos primeiro adaptar nosso pequeno self a um modo mais profundo de respiração e de contato com o coração, tocando nossa *ruha*, nossa alma. Só podemos fazer isso com uma intenção pura e sincera, acompanhada de uma sensação de serenidade e leveza.

CAPÍTULO UM

A PORTA DA ANSIEDADE

Palavras-chave: malkuta d'Alaha, zadiquta

Ao ser dirigido para cá, procure perceber se a sua situação de vida está insistindo que você pare, respire e ouça realmente aquela voz mais profunda no seu interior dizendo: "Eu posso!".

A vida às vezes nos envolve em situações que geram ansiedade em relação ao futuro. Em termos comparativos, diante de uma emergência, em geral não temos tempo para parar e lamentar; simplesmente agimos sem pensar e quase sempre nossas reações são adequadas. Assim, o que podemos fazer para capturar esse instante de percepção imediata com mais frequência, quando expectativas do futuro nos paralisam ou lembranças do passado nos atormentam? Yeshua aconselha:

"Se é para ficar ansioso e sair correndo desesperado por causa de algum problema, antes de fazer isso encontre o

*'Eu Posso' do cosmos dentro de você e observe como ele recompõe a sua vida e o ajuda a entendê-la".**

Raízes e Ramos

A palavra aramaica que Jesus deve ter usado para "buscai" (conforme tradução da versão King James) é *buwhdayn*, que significa "correr por aí, sentindo-se vazio por dentro". A palavra para "primeiro" é *luqdam*, literalmente "voltar para o início", para o *qadam* ou "ponto de virada, decisivo, de todas as coisas" – na verdade, o nosso nascimento e o nascimento do universo. "Reino de Deus" é *malkuta d'Alaha*, de gênero feminino em aramaico. As raízes dessas duas palavras remetem para a visão que a nossa alma tem do caminho a seguir, acompanhada da energia para percorrê-lo. Essa combinação de visão e energia ressoa em nós como "Eu posso!". A palavra traduzida como "justiça" é *zadiquta* – não no sentido de nos sentirmos "justificados" por professar uma crença religiosa específica, mas no sentido do que depura e ajusta a nossa visão para ver o que é de fato *Real*.

Mensagem para Hoje

Quando ficamos presos em um ciclo de preocupações ou pensamentos recorrentes, Yeshua aconselha a nos religarmos à

* Mateus 6,33: "Buscai, em primeiro lugar, o Reino de Deus e a sua justiça, e todas essas coisas vos serão acrescentadas".

energia do nascimento no início do cosmos. Como? Primeiro, podemos respirar e nos lembrar de um momento em que nos sentimos fortalecidos para fazer algo, quando sentimos "Eu posso!" dentro de nós. Segundo, podemos deixar que o "Eu Posso" maior do cosmos inunde nosso coração com clareza. Este está além do nosso ego. Podemos então começar a ouvir a voz e sentir a energia e a potência da nossa alma maior chegando e abraçando nosso pequeno self. Yeshua chama nosso pequeno self de *naphsha*, o sopro e o senso de "Eu" mantidos nesse corpo pelo tempo limitado que temos na carne. Verdadeiramente, porém, somos um sopro maior, uma *ruha*, que faz parte do "sopro sagrado" (ou "espírito santo"), a qual contém o poder e a energia da natureza ao nosso redor. Todos nós já sentimos essa força, seja em uma emergência ou quando estamos profundamente apaixonados. Esse "Eu posso" é a dádiva da nossa alma que nos guia durante nossa vida terrena.

Talvez a vida esteja lhe pedindo que reavalie rigorosamente seus objetivos ou algum problema específico do momento. O início de um novo ano ou período pode despertar esse sentimento. O que suas ações passadas, responsabilidades assumidas ou promessas feitas a terceiros o impelem a fazer? Você está disposto a ver tudo isso com um novo olhar? A se tornar um você maior?

Contemplação

Começo com esta possibilidade: sou mais do que meu corpo, minha mente, minhas emoções ou esse acúmulo de hábitos. Então, interrompo todos os pensamentos que surgem nesse momento respirando as palavras de Yeshua, que soam aproximadamente como "mahl-ku-tah d'Ahl-la-ha".

Em seguida, respiro com esses sons claros, limpos, e os sinto em torno do coração. Eu me abro para o amor e para a energia da vida, acima, ao redor, abaixo e dentro de mim, com a ajuda de uma sensação de união com Yeshua. Esta é a porta de entrada para *malkuta*. Eu me recolho nessa respiração natural, suave, e nessa sensação.

Ao me sentir mais calmo com relação à situação de vida que enfrento, respiro a palavra "zah-di-qu-tah", percepção clara e direta. Ela ressoa do coração ("zah") para o meio da testa ("di"), daí para a barriga ("qu"), e de volta ao coração ("tah"). Aproveito essa oportunidade para ver, perceber e sentir claramente o que está diante de mim.

Ao finalizar, abro os olhos e me preparo para iniciar as atividades do dia, encarando da melhor maneira possível o que a vida me traz a cada momento. Caso me perceba esquecendo e retornando a um padrão antigo, volto a me sentir envolvido por *malkuta*, uma esfera de amor e fortalecimento sempre presente. Eu tenho coragem para seguir esse sentimento e acolher a energia que o acompanha.

CAPÍTULO DOIS

SUA VERDADEIRA MORADA

Palavras-chave: tubwayhun, b'rukh

Ao ser dirigido para cá, ou quando se sentir abandonado, aproveite a oportunidade para lembrar que a respiração subindo e descendo em seu corpo é um presente: a primeira coisa a entrar, a última a sair. Sua respiração é a porta para sua verdadeira morada.

Como você, enfrentei dificuldades pessoais ou familiares e descobri que precisava recuperar o fôlego, concentrar-me totalmente no ar que entrava e saía aos poucos dos meus pulmões. Sem dúvida, essa é uma maneira de aliviar a dor física. Segundo Yeshua, porém, a questão é um pouco mais complexa. Em aramaico, a palavra *ruha* pode significar "sopro", "espírito", "ar", "vento", "respiração" ou a própria "alma" – isto é, a parte de nós que está sempre ligada ao Grande Sopro, à fonte da vida. No início das Bem-aventuranças em Mateus, Yeshua aconselha:

*"Ditosamente maduros, no momento certo, são os que repousam em ruha como sua primeira e última posse, sua verdadeira morada. Para eles chegam – no mesmo momento – a luz e o poder que fluem pela natureza e pelo cosmos".**

Raízes e Ramos

Vimos *malkuta* (termo em geral mal traduzido como "reino") no capítulo anterior (1), o "Eu Posso" da Realidade. "Do céu" é *d'shmaya,* significando que esse "Eu Posso" produz ondas de luz e som que se propagam indefinidamente ao nosso redor, no tempo e no espaço. "Pobre em espírito" é *l'meskenae b'rukh.* Estamos literalmente "dentro" e "entre" (*b*) o sopro da alma (*rukh*). Não somos "pobres", mas sim atados (*mesken*) à honesta percepção de que nossa única posse na vida é nossa respiração, ela própria posse do Grande Sopro, que Yeshua chama de *ruha d'qudsha* ("o sopro sagrado ou santo"). A qualquer momento, podemos então viver a experiência de estar em um momento ditosamente maduro – no *agora*: o aramaico *tubwayhun* (em geral traduzido como "abençoado", bendito, ditoso, feliz, bem-aventurado).

Mensagem para Hoje

O estado mais feliz e propício que podemos viver, diz Yeshua, é estar em união com o Uno (*Alaha*) neste momento. Ele pede

---

* Mateus 5,3: "Bem-aventurados os pobres em espírito, porque deles é o Reino dos Céus".

que consideremos toda respiração como uma passagem para uma sensação maior de poder – *malkuta* – se estivermos dispostos a renunciar à nossa impotência pessoal e a nos unir ao Grande Sopro.

Pode ser difícil imaginar esse conceito, mas na verdade fazemos isso o tempo todo – enquanto dormimos ou sonhamos. Nossa respiração pessoal se junta a uma maior, que é puro amor, energia vital e luz. Nosso corpo continua a respirar sem que tenhamos consciência, e às vezes visões reais e cura ocorrem durante o sono, se estivermos prontos. "Eu tenho coragem de relaxar e confiar que essa respiração maior irá me respirar?"

Talvez a vida o esteja chamando não apenas para "recuperar o fôlego", mas para repousar na respiração maior que emana vida e amor de cima, ao redor, de baixo e dentro de você. Pergunto-me muitas vezes: "Consigo dar esse salto e sentir que minha respiração faz parte do Sopro/Espírito Santo?".

Contemplação

Antes de dormir à noite, apoio a testa na terra ou no chão, ou então, sentindo meu corpo, imagino-me tomando essa posição deitado na cama. Deixo que tudo o que aconteceu durante o dia e que não preciso guardar para amanhã se dissipe. Não me detenho em nenhuma impressão em particular.

Em seguida, levanto-me (ou imagino me levantando) e sinto minha respiração no coração ou em torno dele. Sinto a consciência da respiração abrindo-se acima de mim, elevando-se muito além do meu quarto e prédio. Lá, me junto a uma respiração maior de amor, gratidão e energia vital e deixo que flua através de mim como luz líquida – passando pelos meus olhos, ouvidos, cabeça, garganta, coração, barriga, quadris, pernas e pés, descendo para a terra abaixo de mim, até seu centro. Sinto ali outra fonte de amor e vida calorosos, o coração da Sabedoria Sagrada, retornando ao início através de mim.

Sentindo a palavra "tuh-bway-hun" ao inspirar, e a palavra "b'rukh" ao expirar, tomo consciência desse fluxo de amor vindo de cima e de baixo de mim, dirigindo-se para o coração. Então, enquanto expiro, ele passa pelo meu coração e entra no espaço ao meu redor. Se eu ainda estiver acordado, repouso à porta desse Grande Sopro, minha verdadeira morada, e entro nela.

CAPÍTULO TRÊS

O MELHOR PRESENTE PARA UM AMIGO

Palavras-chave: huba d'rab

Ao ser dirigido para cá, ou se estiver se perguntando até que ponto deve se preocupar com um membro da família, um amigo ou uma pessoa que você ama, aproveite a oportunidade para deixar-se imbuir tão somente da gratidão por receber essa ocasião de se importar.

Vivemos tempos em que ninguém quer ser considerado codependente e em que todos querem que os outros sejam livres para viver a própria vida. Ao mesmo tempo, porém, nosso self natural, apoiado na respiração, se sente ligado a um familiar, um amigo ou uma pessoa amada. O relacionamento com outras pessoas é um dos fatores mais importantes que constituem a nossa natureza humana. Os terapeutas nos alertam sobre o "amor asfixiante", mas o amor emocional a que se referem é aquele que se faz perguntas deste tipo: "Que impressão *eu* vou causar se praticar essa ação?". "Tal e tal ato fará com que eu me sinta bem, mal ou (ainda mais sutilmente) livre de culpa?" Em última análise, esse suposto amor só diz respeito ao pequeno self, o *naphsha*. Yeshua oferece o seguinte conselho:

> *"O mais essencial, criativo e nutritivo amor é aquele em que você esquece por algum tempo sua preferência por seu pequeno self e trata o self do seu amigo de alma ou da pessoa amada como igual ao seu".**

Raízes e Ramos

Yeshua usa a expressão *huba d'rab* para o que a KJV traduz como "amor maior". *Huba* é o tipo de amor que evolui lentamente da tolerância ao respeito, deste à amizade e desta a algo que, de acordo com o equivalente hebraico do *Cântico dos Cânticos*, é "forte como a morte". O que a KJV traduz confusamente aqui como "vida", na realidade é *naphsha*, nossa preferência habitual por nosso pequeno self – a vida, a saúde e as preocupações desse pequeno self. Essa preferência é saudável dentro de certos limites; nós só a deixamos de lado em situações especiais. Segundo Yeshua, uma dessas situações especiais ocorre quando temos um relacionamento profundo com um amigo, amiga, ou uma pessoa amada, um *rahmawhy*, baseado em uma palavra aramaica diferente para amor – o amor que flui por nós como um ato de criação, como uma mãe gerando do seu ventre (13), *rahm*, da mesma raiz semítica.

---

* João 15,13: "Ninguém tem maior amor do que aquele que dá a vida por seus amigos".

Mensagem para Hoje

Como acontece com muitos outros ditos dos Evangelhos, com grande frequência ouço esse sendo interpretado como "sacrificando-se agora, você receberá sua recompensa mais adiante". Durante o tempo em que temos um *naphsha*, embora a vida nem sempre seja fácil, o único valor em sacrificar nosso *naphsha* está no fato de não termos nenhuma consciência dele, não no fato de outra pessoa ou de alguma instituição pedir ou exigir esse sacrifício. Todos nos lembramos de uma época em que simplesmente nos esquecemos de nós mesmos por estarmos apaixonados. O que estava acontecendo? Provavelmente o sentimento da gratidão prevalecia e uma emoção quase milagrosa de alegria nos inundava. Mesmo que por um momento, o pequeno self desaparecia, dada a força de um amor mais poderoso e nutritivo (*rab*), não em decorrência de um senso de dever, vergonha ou culpa.

Talvez a vida esteja lhe dizendo para prestar atenção ao que sente ou faz a respeito do sofrimento ou da dificuldade de alguém próximo a você. A primeira atitude pode ser a de sentir gratidão por ter uma relação cordial tão profunda. Depois, abandone todas as preocupações quanto ao que deve fazer. Em vez de se preocupar, preencha o espaço liberado atraindo mais amor e gratidão da Fonte maior que está acima, abaixo e em torno de você – não confinada pelas paredes da sua pele. Esse amor extrapola restrições e limites, e oferece um novo nascimento a outra pessoa – e ao mesmo tempo a você.

Contemplação

De joelhos, curvo-me, apoiando a testa no chão ou na terra, ou me imagino fazendo isso. Como antes, exalo, sentindo meu coração acima da cabeça, o que relaxa e libera toda a tensão da testa, pescoço e ombros. Em seguida, ergo-me, respirando e ouvindo as palavras de Yeshua, que soam mais ou menos assim, "huba d'rahb". O que poderia ser mais tranquilo, o que poderia ser mais leve no coração quando elimino de sua superfície toda preocupação comigo mesmo? Talvez mais duas ou três prostrações esvaziem meu coração ainda mais. Visualizo a outra pessoa ao meu lado dentro da luz da gratidão e do amor maior. Tenho algo a fazer? Caso não, permaneço nesse estado por mais tempo. Talvez não haja nada a fazer externamente.

Para deixar o pequeno self de lado, é necessário praticar. Não desanime se ele logo reaparecer, exigindo atenção. Simplesmente tenha mais amor, mais gratidão, mais *huba d'rab*. Com o tempo, o *naphsha* acaba aprendendo a retornar a esse sentimento com mais frequência, mesmo depois de esquecer.

CAPÍTULO QUATRO

ALIMENTO FRESCO DA ALMA PARA O SELF

Palavras-chave: bar nasha, leba

Ao ser dirigido a este dia, aproveite a oportunidade para expandir seus horizontes com relação ao modo como o alimento aparece em sua vida.

Talvez nenhum outro assunto ocupe tanto espaço na internet quanto o reservado à alimentação e à dieta: O que é melhor para nossa saúde, o que é mais "natural", quais alimentos são melhores para o planeta e o clima? Você pode encontrar debates intermináveis sobre isso, discussões em que as pessoas chegam a se exaltar além dos limites. Yeshua comenta:

"Não é o que entra na boca de um self limitado que o perverte, retornando ao pequeno self, mas o que sai da boca(...) O que entra na boca vai para o ventre e daí para fora. O que sai da boca procede do coração, o centro de atenção e

*ação da pessoa, criando seu mundo. Isso pode isolá-la em seu pequeno self, ocultando-a".**

Raízes e Ramos

O que a KJV traduz aqui como "homem" é o aramaico *bar nasha*, filho da humanidade, visto como um self limitado na carne por certo tempo e espaço. A palavra normalmente traduzida como "impuro" corresponde ao aramaico *msayeb*, algo que envolve o self, fazendo com que se volte sobre si mesmo até separar a pessoa de *ruha*, a respiração incessante que nos une a todos os seres humanos. Coração é *leba* em aramaico, o centro do amor, da coragem e da vontade. Ele é a passagem pela qual nossa alma-*ruha* pode alimentar nosso self-*naphsha* com tudo o que é necessário para nossa vida terrena.

Mensagem para Hoje

Yeshua gostaria que abríssemos nosso self limitado para nossa alma ilimitada, servindo-nos da capacidade do nosso coração de escolher livremente a qualquer momento. Vivemos em um corpo limitado que tem seus próprios ritmos, o que nos torna criaturas de ritmo – isto é, de hábitos. Alguns desses hábitos são bons, outros, não. Nossa carne, porém, está em constante

---

* Mateus 15,11,17-18: "Não é o que entra pela boca que torna o homem impuro, mas o que sai da boca, isto sim o torna impuro. (...) Não entendeis que tudo o que entra pela boca vai para o ventre e daí para a fossa? Mas o que sai da boca procede do coração e isto que torna o homem impuro".

mudança; as próprias células do corpo mudam totalmente ao longo de um período de sete a dez anos. Considerando apenas o nível mais elementar, podemos imaginar o alimento que nossa alma deseja que consumamos hoje em comparação com o que ingeríamos dez anos atrás?

Em outro nível, nossa *ruha*-alma não é só nossa, mas está unida à de todos os outros seres humanos, formando uma unidade. Como a consciência humana se tornou mais egocêntrica e egoísta, Yeshua nos prescreve fazer escolhas não só para o nosso self, mas para o self de toda a humanidade e de todos os seres, incluindo a natureza. Em eras passadas, nosso self era principalmente tribal; o caminho dos seres humanos no futuro deve mudar. Como ele diz em sua Oração, "livra-nos do *bisha*" (Mt 6,13, KJV: "[...] livra-nos do mal", 27).

Talvez a vida esteja lhe dizendo para se abrir à sua força da alma, não apenas em questões espirituais, mas mesmo em matéria de carne e corpo. No Evangelho de Tomé, os alunos de Yeshua lhe perguntam: "Que dieta devemos observar?" (VI) Yeshua responde: "Não mintais e não façais o que detestais, pois todas as coisas são desveladas aos olhos do céu". A dieta simples de Yeshua pode ser: entrar em contato com a alma, e então ouvir, ver e sentir que alimento ela quer oferecer ao pequeno self.

Contemplação

Quando penso sobre algum tema relacionado à alimentação, lembro-me do tempo limitado que tenho no corpo. Quero manter esse presente da vida para poder cumprir tudo o que vim aprender, amar e realizar.

Então respiro as palavras "bar nah-sha" no meu coração – o espaço repleto de luz que permite ao que é temporário e limitado em mim (*nasha*) irradiar (*bar*) o atemporal e ilimitado. Quando apresento a questão do alimento físico ao espelho do meu coração, consigo continuar abrindo meu coração (agora respirando "leb-ah") e começar a retirar os véus da memória, do pensamento e da emoção que encobrem a superfície do coração e obstruem o brilho da minha *ruha*? Ele está esperando para brilhar em toda minha carne. O que está realmente pronto para mim neste momento?

CAPÍTULO CINCO

CORAÇÃO DA POSSIBILIDADE

Palavras-chave: abwun d'bashmaya

Ao ser dirigido a este dia, aproveite a oportunidade para visualizar e sentir uma vida maior expandindo-se ao seu redor.

Quando nos empenhamos em alcançar um objetivo, é comum que as pessoas nos aconselhem a "começar do início". Mas onde está o verdadeiro início? Do ponto de vista de Yeshua, um início verdadeiro faz parte do Princípio que continua a se propagar e expandir desde a primeira centelha do cosmos. Todos nós, individual e coletivamente, manifestamos um mundo com nossa consciência humana de *ruha* comum a todos nós. Talvez nos seja difícil compreender hoje, mas o fato é que o aramaico e as demais línguas semíticas antigas se baseiam em verbos, não em substantivos, em processos, não em sujeitos e complementos separados (materiais ou mentais) situados em algum "espaço" fixo. No antigo hebraico ou aramaico, *viver* foi o primeiro som, o primeiro verbo, o primeiro sopro, a meditação original. Yeshua começa sua conhecida Oração assim:

> *"Criando, gerando, dando à luz, o Sopro tomando forma hoje.*
> *Propagando-se, brilhando, irradiando-se através de todas as ondas de som e luz,*
> *ouvido ou não ouvido por ouvidos humanos,*
> *visto ou não visto por olhos humanos,*
> *nomeado ou não nomeado por lábios humanos".**

Raízes e Ramos

O que a KJV traduz como "pai" é *abwun*, termo derivado de pai, mas que se estende a todas as relações de parentesco (ABw), indo além das ideias fixas contemporâneas de gênero, através do som e da respiração (U), e ocupando um espaço intermediário entre self e alma, *naphsha* e *ruha*. Esse espaço intermediário ("u") pode ser sentido no coração humano (que é onde o som "abwun" ressoa), lembrando-nos do modo como o mistério da vida assume cada forma (N) a cada momento, inclusive o que chamamos de nós mesmos. Esse processo vivo e criador está sempre em ação em todos os universos, visíveis e invisíveis. Tudo isso se torna perceptível em nosso tempo e espaço por obra da vibração e da luz que se expandem sem nenhum limite aparente, *shemaya*. Apenas para não nos animarmos em demasia

---

* Mateus 6,9: "Pai nosso, que estás nos céus [...]" Ver RAJ para outras reflexões sobre questões de gênero nas palavras de Jesus.

com nossas explicações, os dois sons que precedem *shemaya* são *d* e *b*, ambas preposições, que nos mostram que o processo criador de *abwun* pode ser sentido emanando desse universo de som e luz, bem como com ele e dentro dele. O som e a luz que percebemos criam o que chamamos de tempo (estendendo-se em duração) e espaço (expandindo-se em extensão).

Mensagem para Hoje

A devoção é um sentimento milagroso que abre o coração para algo ou alguém que nos inspira a sentir temor reverente, gratidão e amor. Se nos apegamos rigidamente a uma imagem ou ideal específicos desse ser amado, no entanto, o processo de apreensão tende a reverter o sentimento para nós mesmos, prendendo-nos em nossa própria prisão de mera crença, pensamento ou emoção.

As palavras aramaicas nos lembram de que precisamos nos afeiçoar a *todo* ideal de Realidade ou divindade com muita cautela, pois do contrário a luz e o sopro da *ruha*-alma não conseguem fluir do invisível e penetrar nos véus autoimpostos do nosso coração. Assim, um início como *abwun d'bashmaya* – na verdade, verbo, sem sujeito ou objeto – convida-nos a respirar com todo amor e reverência que nos seja possível, para então ressoar, abrir, liberar e atrair mais amor. Podemos usar palavras como essas para ajudar a concentrar a consciência do nosso coração. Ou simplesmente respirar e sentir para onde elas nos levam. Enquanto habitamos a carne, temos a dádiva da escolha, e assim Yeshua, com seus ensinamentos, recomenda que usemos esse presente com sabedoria.

Contemplação

Respirando "ah-bwu-n", sinto os sons no meu coração ou perto dele. Então, suavemente, entoo a palavra, sentindo meu coração ressoar. Ao terminar de julgar ou admirar minha própria voz (uma ocorrência comum), deixo dissipar-se aos poucos toda sensação de que estou fazendo alguma coisa. Repetida ao longo do tempo, a oração ou prática começa a realizar em mim, em vez de eu realizá-la.

Eu me abro para ver, ouvir, perceber e sentir um mundo mais amplo de possibilidades ao meu redor. Por que não estou vendo ou sentindo com clareza? O que estou realmente procurando? Como seria a vida se eu soubesse? Com tempo e repetição, meu senso de onde "eu" estou se entrelaça com um cosmos maior de luz, nome e som. Respirando "d'bahsh-may-ah", sou bem acolhido em minha nova e mais ampla morada.

Depois de permanecer alguns minutos nessa contemplação, reinicio meu dia ou retomo o que estava fazendo, confiando que a sensação silenciosa produzida pela oração continuará agindo dentro de mim.

CAPÍTULO SEIS

O QUE PODERIA SER MAIS ESPAÇOSO?

Palavras-chave: nethqadash shmakh

Ao ser atraído ou dirigido a este dia, aproveite a oportunidade para sentir em que espaço do seu coração você pode se sentir mais à vontade e aberto.

Muitas vezes ouço alguém dizer que quer seguir seu coração em vez de sua mente. No tempo de Yeshua, porém, só havia uma palavra para coração, nenhuma para mente. Então, quando a superfície do coração se torna velada ou obstruída com autoimagens inúteis, emoções ou lembranças do passado, o coração não consegue sentir ou ver com clareza. Com o desenvolvimento da consciência humana no decorrer dos últimos milhares de anos, aos poucos a "mente" veio se separando do "coração". Nesse mesmo período, o *naphsha* humano coletivo também se afastou gradualmente da natureza, dificultando cada vez mais a nossa percepção de que fazemos parte de uma humanidade e da própria natureza. É onde nos encontramos hoje. Como um primeiro passo, é possível que se prestássemos mais atenção à luminosidade do nosso coração, em vez de simplesmente querer sentir emoções – qualquer emoção – talvez conseguíssemos abandonar a ideia de uma mente separada e da alienação que ela implica. Como preparação para sua Oração, Yeshua lembra a seus ouvintes que:

> *"A Vida que Tudo Respira, Abwun, reserva conscientemente tudo aquilo a que você aspira e almeja, antes mesmo de pedir. ..."**

Assim, em primeiro lugar, podemos dar atenção à ansiedade ardente do nosso coração (1). Depois das primeiras palavras da oração louvando o coração da possibilidade (5), Yeshua recomenda que liberemos o acúmulo de impressões em nosso coração para melhor sentir a afinidade da luz com a nossa alma:

> *"Depurar o espaço do coração para que o nome-luz-vibração de Abwun aflua para nossa vida".***

Raízes e Ramos

Outro som da raiz "mãe" que une os antigos hebraico, aramaico e árabe é QDSh, *qadash* em aramaico ("santificado" na KJV). Essa raiz representa um espaço aberto pronto para ser preenchido

* Mateus 6,8: "(...) porque o vosso Pai sabe do que tendes necessidade antes de lho pedirdes".

** Mateus 6,9: "Santificado seja o teu nome".

com o que for necessário no momento. O que a Realidade reserva é o que o coração realmente deseja. A palavra traduzida como "necessidade" é uma forma de *metb'a*, que também significa ansiedade ou impaciência ardente (1). O antídoto de Yeshua para nossa ansiedade individual e cegueira coletiva do coração é fazer faxina em nosso coração para que o "nome" (*shem*) da Realidade possa mudar-se para ele. Esse não é necessariamente um nome específico em palavras, mas deriva de suas raízes (ShM), a atmosfera, luz e presença da Realidade maior, *Alaha*.

Mensagem para Hoje

Milhares de anos atrás, o *naphsha* humano era menos individualizado, mais tribal e comunitário, o que não significava necessariamente que éramos mais sábios. Prova disso, conforme descreve a Bíblia, é toda a destruição causada pelas civilizações antigas. Assim como hoje, culturas inteiras podiam se tornar corrompidas (*bisha*), e Yeshua previu o potencial de toda a tradição profética de Abraão, Sara e Hagar de seguir nessa direção. Por isso, ele não só confortou os pobres, mas também convulsionou toda autoridade religiosa e política.

Em essência, antes de mais nada precisamos cuidar do nosso coração e em seguida deixar que toda luz que surgir nos revele uma nova visão do que nos cabe realmente fazer. Talvez a vida esteja lhe dizendo para abrir mais espaço para o sentimento do seu coração. Isso também pode significar parar de correr de um lado para outro à procura do que você acredita precisar, externa ou internamente.

Contemplação

Em muitos ditos e histórias, Yeshua nos convida a tirar um período sabático. Não preciso esperar um dia ou época devocional em particular para fazer isso. Ao respirar as palavras "neth-qah-dahsh shem-ahkh", abrindo espaço para a luz, posso fazer uma "respiração sabática" a qualquer momento.

Sentindo minha respiração entrando no coração ou envolvendo-o, coloco uma das mãos suavemente no meio do peito e deixo que a minha consciência corporal ali permaneça. Batimento cardíaco, respiração, espaço. Mais alívio, mais abertura. Posso relaxar e soltar, centrado ali, sem que a superfície do coração fique tagarelando com pensamentos ou emoções automáticos e habituais.

Assim como eu, se você sente um vínculo especial com essa linha ou petição da Oração de Yeshua, introduza os sons dessas palavras no seu coração. Sintonizar-se com elas por meio de Yeshua ajuda a concentrar a luz dentro de você, com o poder do coração de Yeshua fortalecendo o seu. Recorro à atmosfera *shem* de Yeshua para que me ajude a abrir espaço no meu coração até conseguir restabelecer meu vínculo direto com *Abwun*.

CAPÍTULO SETE

UM PODER MAIOR DO CORAÇÃO

Palavras-chave: nehwey sabyanach

Ao ser dirigido a este dia, aproveite a oportunidade para receber o presente do poder inato do seu coração para escolher. Esse poder já é seu, esperando para ser descoberto, muito mais forte do que você imagina.

Às vezes, não é de mais informações, mais recursos, mais aprendizado ou mesmo mais esforços que precisamos, mas sim de um poder maior de coração e desejo. Coragem para escolher. Felizmente, da perspectiva de Yeshua, esse poder maior já é nosso e pode realizar tudo o que for necessário. Na quarta linha de sua Oração, ele diz:

*"Que o Sopro da vida suscite uma nova manifestação de coração-desejo em mim e por meu intermédio, unindo céu e terra, em todos os momentos e aqui e agora na minha vida".**

---

* Mateus 6,10: "Seja feita a tua vontade, assim na terra como no céu".

Raízes e Ramos

Essa petição da Oração de Yeshua inicia com a palavra aramaica *nehwey*, ignorada pela maioria das traduções ou traduzida apenas como "feita". Suas raízes (*NHW*) revelam que um sopro maior de vida, o Grande Sopro (HW), cria uma nova manifestação (N) do que vem em seguida, nesse caso, um Poder (*sabyanach*, "vontade" na KJV) Maior do Coração. Esse poder de *saba*, que Yeshua também pronuncia quando realiza curas, une opostos em nós. Aqui, ele menciona "céu" (*shemaya*) e "terra" (*ar`ah*), mas essas palavras representam todos os "dois" que emergem da Realidade em nossa consciência humana quando nascemos no tempo e no espaço. *Shemaya* e *ar`ah* incluem onda e partícula, comunidade e individualidade, atemporalidade e finitude, o espaço ilimitado e o *aqui*.

Mensagem para Hoje

Mais de quarenta anos atrás, quando comecei a estudar as palavras aramaicas de Yeshua, senti-me totalmente perdido. Eu não sabia por onde ou como começar. No entanto, sempre que me sentia tentado a desistir, meu coração se abria com um poder maior, um poder que eu sabia que não era meu. Sentado em uma encosta no interior de uma floresta no norte da Califórnia, tive uma imagem clara de água vertendo de uma fonte no alto de uma montanha e logo fluindo e formando um caudaloso riacho descendo colina abaixo. Quando comecei a aprender a Oração de Yeshua em aramaico, eu sempre recebia a orientação de procurar uma pessoa que poderia me ajudar ou então entrava em uma livraria na qual nunca havia estado em uma cidade estranha e era levado a um livro de que eu precisava. Em resumo, sei que essa oração – e especificamente essa linha – pode fazer milagres.

Talvez você se sinta chamado a se livrar de todas as suas desculpas para não dar um passo no que acredita ser uma direção impossível (ou pelo menos improvável). É muito comum sermos paralisados por sentimentos de insegurança ou inadequação. Todavia, esses sentimentos se baseiam na memória – no passado, inclusive nas experiências passadas de outras pessoas que lhe dizem o que *elas* acham que é possível. Brota de dentro de você uma paixão mais profunda que o leva além do seu pequeno self e permite que a dádiva de um Grande Coração ative sua vida? Ao contrário do que podem ter-lhe dito, essa inspiração não é reservada a algumas pessoas especiais. Não, ela está à disposição de cada ser humano como dádiva da alma.

Contemplação

Leitores de outros livros meus ou visitantes do meu site já devem conhecer ou ter aprendido a quarta linha dessa oração com a ajuda do áudio e vídeo lá disponíveis gratuitamente: nehwe sabyanach aykana d'bashmaya aph b'ar`ah. Caso você ainda não tenha feito isso, não espere mais para aprender a petição inteira; comece já, agora. O Grande Coração está à disposição de todos, seja qual for seu idioma nativo.

Inspiro sentindo "neh-wey" e expiro sentindo "sahb-yan--ach", servindo-me dos sons para entrar em sintonia com a pessoa que os emitiu. A ajuda está aqui: posso sentir Yeshua pronunciando essas palavras no mais profundo do meu coração. Como ele diz aos seus alunos no Evangelho de João pouco antes de deixá-los: "Eu em vocês, vocês em mim". Eu pego carona na crença de Yeshua, na sua confiança na Realidade maior de Alaha. Pelo menos por um momento, esqueço meu naphsha. Então, continuando a respirar, encontro meu naphsha no Grande Sopro, meu coração dentro do Grande Coração do cosmos.

CAPÍTULO OITO

ILUMINAÇÃO E ESCURIDÃO: GÊMEAS SIAMESAS

Palavras-chave: nuhra, heshukha, nuhra d'shrara

Ao ser dirigido ou misteriosamente atraído a este dia, sinta como seu coração é capaz de conter tudo o que você imagina conhecer e tudo o que imagina não conhecer. Então viva entre um e outro.

O que consideramos como fato baseia-se no que pensamos que podemos conhecer ou descobrir sobre nossa percepção externa da realidade. Quando ampliamos nossa visão e começamos a questionar a base dos nossos cálculos de tempo e espaço, nós nos aproximamos da pergunta mais importante: "Como conhecemos alguma coisa?". Ou seja, o que é consciência?

Para Yeshua e os profetas antes dele, havia um Conhecedor maior a quem as pessoas davam vários nomes, às vezes traduzidos como "deus" ou "deusa". Yeshua ensinava que o ser humano em si não é um corpo fixo, mas algo semelhante a uma conversa solicitada pela Sabedoria Sagrada (*Hakima*, em aramaico), um diálogo entre o saber e o não saber. Esse diálogo deu origem ao que hoje chamamos de consciência. O que percebemos como luz e escuridão surge nesse espaço de *Hakima* ou, em outra tradução, Sentido Sagrado. O que procede como unidade desse espaço é a percepção do nosso "eu", vinculada à fonte desse "eu", *Alaha*. Quando mergulhamos nas profundezas do nosso coração, ela nos ilumina e direciona para o que precisamos conhecer e fazer. O hino cosmológico no Evangelho de João, Capítulo 1, expressa essa realidade interior do "eu" verdadeiro, unido, enquanto incorporado em Yeshua, esperando ser despertado em cada ser humano:

> *"Em toda conversa viva da Realidade surge a energia vital e a luz, a consciência, dos seres humanos. Discernimento, luz e conhecimento estão lado a lado com a ignorância, a escuridão e o não saber. E a escuridão não pisoteia, não esmaga, não ultrapassa a luz. ... Essa luz da direção correta acende em cada ser humano que entra no tempo e no espaço".**

Raízes e Ramos

Um pouco antes nessa passagem (João 1,1), o "Verbo" no início é *melta*, que significa também uma conversa, uma clara referência a menções bíblicas posteriores à Sabedoria Sagrada (por

* João 1, 4-5, 9: "O que foi feito nele era a vida, e a vida era a luz dos homens; e a luz brilha nas trevas, mas as trevas não a compreenderam. ... O Verbo era a luz verdadeira que ilumina todo homem vindo a este mundo". Para uma discussão mais completa, ver RAJ, Capítulo 7.

exemplo, em Sirácida ou Livro do Eclesiástico). "Vida" é *hayye*, energia vital. "Homens" é sempre *nasha*, todo ser humano (4). "Luz" e "brilha" são ambas formas de *nuhra*, indicando a luz percebida pelos olhos, mas também todas as formas de conhecer e sentir por meio do coração e da "mente". Do mesmo modo, "trevas" é *heshukha* – desconhecer, não saber, não vivenciar. O que em geral encontramos traduzido como "compreender" (uma forma de *drekh*), também significa pisar, pisotear, esmagar ou ultrapassar (como em uma corrida). A "luz verdadeira" é *nuhra d'shrara*, a claridade que nos mostra a direção certa: o "GPS" que está em cada coração.

Mensagem para Hoje

Hakima, Sentido Sagrado, reúne nossas impressões sensoriais a cada momento. Se assim não fosse, nada poderia "fazer sentido" ou permanecer "obscuro" (uma palavra que originalmente significava "escurecimento"). Para ter um verdadeiro entendimento, em vez de só repetir ou alimentar lembranças do passado, precisamos nos libertar da prisão do nosso pequeno self, encontrando o ponto intermediário entre a luz e as trevas, o verdadeiro conhecimento da nossa essência mais profunda. Talvez nossas experiências atuais estejam pedindo que façamos isso agora, neste momento.

Contemplação

Inspiro natural e suavemente dentro do meu coração ou em torno dele, primeiro sentindo "nuh-rah", luz – minha percepção passada da minha vida e de mim mesmo, tudo que acredito estar certo ou fixo. Em seguida, respiro a palavra "he-shuk-ha", o campo maior do não saber e do mistério. Nada daquilo em que eu acreditava antes pode ser verdadeiro agora. Menos ainda importa para minha próxima respiração. Mantendo juntas a luz limitada da memória e a escuridão do não saber, posso deixar meu coração abrigar ambas, permitindo que uma anule a outra?

Isso pode parecer como o salto de um precipício. Como continua o hino em João 1, porém, quando tudo – toda luz e toda escuridão temporárias – se dissipa, o que resta é *nuhra d'shrara*, a luz da direção clara, esperando irradiar-se através de mim. Ela já cria meu senso de self e minha percepção do mundo, do início da vida até hoje. Eu respiro "nuh-rah d'shrara", clareza para *hoje* – não para ontem ou para os dias, décadas e milênios passados.

Tenha um pouco de paciência com esta contemplação. Talvez você precise fazer várias tentativas antes que a luz preexistente ao seu nascimento o reconduza à visão do olho da sua alma, como a que você possuía ao nascer.

CAPÍTULO NOVE

SIMPLESMENTE MENOS SELF

Palavras-chave: meskina ... malkuta d'alaha

Ao ser dirigido a este dia, aceite o presente de esquecer seu naphsha e as preocupações e atividades dele; apenas por um momento.

Vivemos tempos em que a autoassertividade, a autoafirmação, a autoestima e a autoajuda (e em geral todos os "auto") são valorizadas como os maiores bens. Há ocasiões, sem dúvida, em que precisamos fortalecer o nosso senso de integridade ou honestidade interior. Mas em outras situações, uma preocupação excessiva com nosso self individual – realizar mais, conquistar mais – pode nos levar ao esgotamento, tanto físico quanto emocional.

As Bem-aventuranças de Yeshua em Mateus (Mt 5,1-12) oferecem um processo profundo que inicia com o encontro da nossa morada na respiração (2). Mateus usa uma forma ligeiramente diferente da expressão "bendita maturidade" de Lucas

(Lc 6,20-23), *tubwaykhun* ("maduros estais"), entendendo-a como um chamado a despertar para aqueles que já se têm em alta conta. Afinal, Yeshua vivia rodeado de autoridades religiosas e seus parasitas que se consideravam superiores àqueles que deveriam estar sob seus cuidados.

No entanto, não precisamos lançar toda a culpa sobre as autoridades religiosas (antigas ou contemporâneas) que, sem nem sequer compreender, não usam as chaves que têm e não permitem que outros as usem (ver Lucas 11,52 e o Evangelho de Tomé, dito 39).* Todos nós precisamos às vezes entender a mensagem: "Pare! Nem tudo se refere a você". Do mesmo modo, Yeshua adverte seus alunos:

> *"Maduros estais quando compreendeis que não há nada a que se agarrar. Então a visão e a força da Realidade podem começar a se apoderar de vós".***

Raízes e Ramos

A palavra normalmente traduzida como "pobre" é o aramaico *meskina*, cuja tradução melhor seria "agarrar". No dito paralelo em Mateus, Yeshua pede a seus ouvintes que prestem atenção à sua respiração e à relação desta com o Grande Sopro (2).

---

* Tomé 39: "Os fariseus e os escribas tomaram as chaves do conhecimento e as esconderam. Eles não entraram nem deixaram entrar aqueles que queriam entrar".

** Lucas 6,20: "Bem-aventurados vós, os pobres, porque vosso é o reino de Deus".

Aqui é mais simples: *nada* a que se agarrar – seu self, alguma ideia ou qualquer coisa que se possa perceber na realidade material. Sua mensagem: menos self significa mais alma, menos *naphsha* conduz naturalmente a mais *ruha*. Arrume a desordem interior e deixe seu coração revelar seu self "mais fino", aquele self suficientemente transparente que permite a passagem da luz da Realidade.

Mensagem para Hoje

Podemos facilmente dizer que o mundo atual tem muito *fazer* em todos os setores (por exemplo, economias que não crescem são "prejudiciais"), e que mesmo tentativas de "consertar" as mais diversas situações, acarretam muitas vezes um número ainda maior de consequências negativas, apesar de bem-intencionadas. Conquanto nem todos possamos participar sempre de um dia de sábado compartilhado, teríamos condições de participar de retiros regulares, de passar um ano com atividades reduzidas ou de viver um momento sabático todos os dias? Precisamos realmente ver-nos sempre fazendo algo "digno" ou essa pretensão é apenas mais uma armadilha do ego? Só você pode responder a essa pergunta, razão por que Yeshua estrutura essas Bem-aventuranças com a forma direta *tubwaykhun*: "Maduros estais quando...".

Talvez a vida esteja lhe dizendo para provar o tônico de Yeshua, que pode inicialmente parecer veneno para seu senso de quem você pensa que é. Você consegue acreditar que se parar um momento, ou um dia, sua *ruha*-alma irá lhe dar novas forças? Que "o mundo não irá acabar?" Talvez seja necessário praticar um pouco para conseguir não pensar tanto em si mesmo, a menos que você já esteja vivendo em um estado de amor, devoção e gratidão. Esses são os melhores estimulantes que encontrei.

Contemplação

Começo sentindo meu coração como se fosse uma lente, empregando a palavra de Yeshua "meskina" para me ajudar a limpar algumas impressões, lembranças, pensamentos e emoções que impedem a irradiação da luz da minha *ruha*. Unir-me a Yeshua com essa palavra, mesmo que pequena, ajuda a desviar minha atenção de mim mesmo. Posso então voltar à respiração, à palavra e à sensação de limpeza muitas vezes ao longo do dia. Ela está sempre à disposição, esperando que eu me solte o suficiente no momento para que o "Eu Posso" maior da Realidade, *malkuta d'Alaha*, possa entrar. Convido o poder da Realidade a me mostrar meu próximo passo na vida.

CAPÍTULO DEZ

QUEM ESTÁ DIZENDO "EU NÃO POSSO"?

Palavras-chave: teyte malkutakh

Ao ser atraído ou dirigido a este dia, aproveite a oportunidade para se fazer essa pergunta. Em seguida, entre em sintonia com o grande "Eu Posso" que flui do Coração da Possibilidade, Abwun, para o seu coração. Com o combustível das lembranças inúteis, queime tudo o que se interpõe no seu caminho.

Quando eu enfrentava uma situação aparentemente impossível ou um problema insolúvel, muitas vezes voltava a este verso da Oração de Yeshua, e também ao anterior (6). Às vezes, o motivo para a falta de "autoconfiança" é que meu *naphsha*-self precisa realmente parar e harmonizar-se com a minha alma, *ruha*. Muitas vezes, essa harmonização não só abranda minha ansiedade, mas também libera e transforma lembranças do passado ou vozes passadas que, talvez até com boas intenções, me diziam que "Eu não posso". Yeshua adverte que, assim como podemos deixar que a luz-vida energia-amor (*shem*) da Realidade depure nosso coração, também podemos deixar que diga "Eu posso" na voz da nossa alma, a incessante Grande Respiração. Da limpeza do espaço do coração, a prece de Yeshua continua no verso três:

> *"Abwun – deixe chegar, com urgência, sua voz de visão e poder, seu Eu Posso, aqui e agora!"**

Raízes e Ramos

A palavra quase sempre traduzida como "teu reino" é o aramaico *malkutakh* (1), de gênero feminino (como seu equivalente na versão grega dos Evangelhos, *basileia*). As raízes MLKU mostram um processo que continua de um início ao seu término natural (ML) energizado por um poder ígneo (KU), como o desabrochar da natureza na primavera. Assim como todos os elementos da natureza, os antigos viam o fogo como um ser vivo. O fogo consumia o que era passado, suficientemente seco para queimar. Além de purificar a terra, aquecia e produzia calor. A palavra geralmente traduzida como "venha" é o aramaico *teytey*, literalmente "venha-venha" – significando venha *agora*!

Mensagem para Hoje

O que fazemos com todas as coisas excedentes que obscurecem nosso coração, paralisando nossa capacidade de agir com

---

* Mateus 6,10: "Venha o teu Reino".

maturidade? Segundo a Oração de Yeshua, nós as queimamos. Queimamos todas as lembranças passadas que não nos servem mais para acionar a visão do *agora*, que nossa alma envia para nós, e que tenta chegar a nós pela estática. Eliminamos a estática retirando os dispositivos de segurança desnecessários que colocamos em torno do nosso coração ao sermos hipnotizados pela cultura popular, que alardeia incansavelmente que a única realidade existente é a externa e mensurável.

Talvez a vida o esteja chamando para uma visão mais ampla, uma visão que não só rarefaz seu pequeno senso de self, mas ainda o desestrutura por completo. Assustador? Sim, mas podemos nos preparar para esse processo lançando voluntariamente nosso *naphsha* em uma fogueira de *malkuta*. Grande Amor com Visão faz nascer um novo *naphsha*, como uma fênix que renasce das próprias cinzas. Nosso pequeno self existe enquanto vivemos no tempo e no espaço, mas podemos libertar nosso coração no presente e preparar-nos para nossa jornada além da morte física, quando esse self de todo modo se desintegra. Como dizem, por que não "estar um passo à frente"?

Contemplação

Eu me concentro inspirando no coração e em torno dele, começando com algumas respirações que abrem espaço no espelho do coração (6). Em seguida, incluo o que consigo reunir de intenção honesta e sincera para dizer, com minhas próprias palavras: "Venha agora, estou pronto!" Ou em aramaico "tey-te mahl-ku-takh". Sinto a respiração, os batimentos cardíacos e a intenção confundindo-se com as palavras. Depois de várias repetições com sentimento, essas palavras, unindo-me a Yeshua, tornam-se pedras de toque que aparecem em meu coração sempre que preciso delas.

Para completar, abro os olhos lentamente e percebo o sentimento sem palavras. Levanto-me e começo a andar em um ritmo de quatro com o som interior – mal-ku-takh--(pausa) – respirando com energia. Uso as palavras para concentrar minha atenção no coração. Minha alma diz, "Eu posso!".

CAPÍTULO ONZE

MAIS ALIMENTO PARA A ALMA

Palavras-chave: habwlan lachma

Ao ser dirigido a este dia, talvez este seja o momento de dar atenção a todas as fontes de sustento que confluem para sua vida todos os dias.

Embora seja lugar-comum falar de alimento para a alma, do ponto de vista de Yeshua, todo o nosso alimento procede de fato da alma-*ruha*. Ao contrário do que possamos ter ouvido, é a nossa alma que nos salva; não somos nós que precisamos salvá-la. Não há limite, nenhuma fronteira fixa, entre a alma – nosso incessante sopro de vida, amor e energia – e o nosso self-*naphsha* individual, o sopro limitado presente nesta carne por um período de tempo.

Do mesmo modo, para Yeshua não há separação entre o alimento que ingerimos para nutrir o corpo e o sustento que recebemos como sabedoria, inspiração, suporte emocional ou ideias reveladoras que podem nos redirecionar para o caminho da nossa alma. Tudo isso está incluído na palavra que Ele usa para "pão", *lachma*. Assim, sua Oração recomenda que peçamos de todo coração que a Realidade molde as coisas desta forma:

> *"Cria para nós o lachma de que precisamos para cada momento de luz que temos nesta vida encarnada".* *

Raízes e Ramos

A palavra traduzida como "dá-nos (*habwlan*) não é uma ordem. É um reconhecimento de que tudo é criado e formado na realidade maior de *Abwun*, a Realidade que cria constantemente, cuja raiz encontra-se no interior da própria palavra. Assim estamos simplesmente, voluntariamente, harmonizando-nos com esse fluxo contínuo de criação. A palavra traduzida como "dia" é *yauma*, baseada na palavra aramaica e hebraica para uma "gota" incorporada de uma onda de luz, um dia. Nesse sentido, um "dia" poderia durar qualquer número de anos, como a humanidade os mede hoje (segundo as palavras do salmista, 90,4: "Pois mil anos são aos teus olhos como o dia de ontem que passou, uma vigília dentro da noite"). A palavra em geral traduzida como "cada dia", (ou "para nossas necessidades") é *d'sunqanan*, que remete a um círculo fechado do que é necessário *agora*, não do que era necessário no passado ou que poderia ser necessário no futuro.

---

* Mateus 6,11: "O pão nosso de cada dia dá-nos hoje".

Mensagem para Hoje

Sim, esta bem conhecida petição da Oração de Yeshua nos alerta contra todo tipo de acúmulo. Riqueza, sabedoria, conhecimento intelectual e resiliência emocional são presenteados a nós e criados por nós para ser compartilhados, do mesmo modo que o alimento físico. Ao mesmo tempo, porém, esse pedido nos lembra a não limitar nossas expectativas: o que pode ter sido necessário ou parecia possível em um momento não limita o que podemos receber no próximo. Talvez seja necessário algum esforço por parte do nosso pequeno self, mas a criatividade ilimitada da alma está sempre disponível, desde que não dificultemos sua atividade.

Talvez a vida esteja nos recomendando que primeiro reconheçamos tudo o que recebemos cada dia em termos desta visão mais ampla do alimento. E que em vez de exigir alguma coisa, nos impregnemos de gratidão e amor. Essa atitude abre a porta para receber aquilo de que "eu" preciso para esse *momento iluminado*.

Contemplação

Inspirando "hahb-lahn" e expirando "lach-mah", sentindo o coração, sinto o centro do meu peito se abrir em agradecimento e amor. Fico alguns minutos inalando e exalando, até me sentir envolvido pela presença nutritiva da alma. Não estou apresentando ao divino uma lista de demandas, mas tomando consciência, com amor e respeito, da fonte de onde tudo emana. Uma Realidade maior me envolve, uma Realidade que está abaixo, ao redor e além das aparências do que percebo do lado de fora.

Ao entrar nesse espaço da alma, reservo um lugar no meu coração para a inspiração da alma a respeito de qualquer desafio ou necessidade que a vida colocar no meu prato hoje.

Continuo respirando a frase enquanto abro os olhos. Vou me lembrar dela e respirá-la o maior número de vezes ao longo do meu dia, procurando perceber onde novas oportunidades de sustento e nutrição podem surgir.

CAPÍTULO DOZE

A VERDADEIRA CAUSA DA FOME E DA SEDE

Palavra-chave: khenuta

Ao ser atraído a este dia, aceite a oportunidade de se dedicar à honestidade interior e à justiça exterior. Pratique recusar-se a mentir para si mesmo.

Chega um momento na vida em que as "mentiras brancas" ou "inocentes" que contamos a nós mesmos precisam acabar. Talvez precisássemos delas quando éramos mais jovens, simplesmente para sobreviver. Não estou falando sobre objetivos passados aparentemente impossíveis. Como vimos nos ensinamentos de Yeshua, muitas coisas podem ser possíveis e reais se tivermos clareza de coração para ver os passos necessários para alcançá-las. Estou me referindo aqui a visões infladas do nosso self, *status* e direito, contra as quais Yeshua nos alerta repetidas vezes nas Bem-aventuranças em Lucas (9, 29).

Na quarta Bem-aventurança em Mateus, Yeshua aponta para uma honestidade intransigente para com nós mesmos que ao mesmo tempo afeta nossas relações com os outros:

*"Em feliz maturidade estão os que descobrem sua verdadeira fome e sede – uma vida de honestidade consigo mesmos e de justiça com os outros. Se tiverem fome e sede suficientes, encontrarão um mundo em que isso é possível".**

Raízes e Ramos

A palavra-chave aqui, em geral traduzida abstratamente como "justiça", é *khenuta*, uma palavra aramaica que reúne honestidade interior e retidão exterior. Essa unidade só pode existir em um coração, *leba*, livre da auto-hipnose da autoilusão. A palavra traduzida como "saciado" é *nesbuwn*, derivada de *saba* (raiz SB), uma nova realidade externa criada pelo desejo do coração do cosmos de agir por meio de nós (5).

Mensagem para Hoje

Emergências, ou o empurra-puxa das necessidades imediatas, em geral nos revelam o que se apresenta claramente como uma vida mais real. Para um público em sua maioria empobrecido e traumatizado, habituado à fome e à sede reais, as palavras de

* Mateus 5,6: "Bem-aventurados os que têm fome e sede de justiça, porque serão saciados".

Yeshua foram ainda mais incisivas do que podem soar para nós hoje. Sentir essa necessidade é um dos motivos por que muitas pessoas adotam subconscientemente a prática do jejum, mesmo que digam a si mesmas que o objetivo é a saúde. Nós nos sentimos mais livres, leves, "perto do osso", depois de emagrecer um pouco (o significado da palavra aramaica para jejuar, *tsum*).

Em outro nível, podemos descobrir que enfrentamos situações difíceis por causa das mentiras que contamos a nós mesmos ou das mentiras de outros que concordamos em aceitar para viver uma vida livre de conflitos e sossegada. Yeshua poderia ter ficado na Galileia e vivido em paz, ensinando às pessoas sobre *malkuta*, o "Eu Posso" da visão-poder que se aproximava. Pelas evidências históricas, outros "profetas" e "messias" faziam a mesma coisa na época. No entanto, para agir sobre *malkuta*, ele precisava ir a Jerusalém e transtornar as circunstâncias até certo grau.

Talvez a vida esteja lhe dizendo hoje para se olhar de frente com honestidade e reavaliar o que diz a si mesmo e com que concorda na vida. O que já não é mais verdadeiro? O que enche o coração de força e propósito, mesmo que produza certa inquietação? Você não consegue mais lidar com a discrepância entre o desejo do seu coração e sua vida exterior? Você almeja o equilíbrio de *khenuta*, que concilia seu mundo interior com o mundo exterior? Este pode ser um ponto de virada importante para você. A vida e os ensinamentos de Yeshua oferecem sustentação a essa mudança para uma nova vida.

Contemplação

Respiro com a palavra "khe-nu-tah" ressoando no meu coração e em torno dele, acrescentando uma sensação de necessidade e urgência.

Sinto a minha respiração sustentada pela de Yeshua, que revelou uma maneira de cumprir meu propósito de vida. Olho com os olhos do coração, respirando com o máximo de amor e gratidão que posso sentir pelo modo como minha vida se desenvolveu até aqui. Sei que isso é essencial para seguir em frente. Somente um coração pleno pode ver com clareza (14).

Se a vida me apresenta uma necessidade urgente ou alternativas aparentemente incompatíveis, não desperdiço a oportunidade. Deixo que a necessidade de ajudar a abrir a janela do meu coração veja meu self (*naphsha*) com clareza, exatamente como ele é. Ao mesmo tempo, uma nova visão da realidade externa começa a emergir da minha alma – a possibilidade sem limites de *Alaha*.

CAPÍTULO TREZE

AMOR INVOLUNTÁRIO

Palavras-chave: tubwayhun rahme

Ao ser atraído ou encaminhado a este dia, deixe que um amor maior flua para você e através de você, um amor não contido pelos limites da sua pele.

Posso me dispor a sentir um amor involuntário? Segundo Yeshua, minha única alternativa é abrir caminho para que esse amor "ame por meu intermédio". Mas como abro caminho? Nas Bem-aventuranças em Mateus, Yeshua diz que podemos primeiro encontrar nossa verdadeira morada na respiração (2). Essa orientação induz a respirar com as notas adesivas emocionais ou mentais do passado que me atormentam; não só a respirar com elas, mas também a senti-las (21). Assim meu self se acalma e minha alma pode se preparar para me salvar e curar (23). Então começo realmente, verdadeiramente, apaixonadamente, a querer alma e self, *ruha* e *naphsha*, em equilíbrio em meu coração – maduro, agora (12). Pouco a pouco.

Ou tudo isso pode acontecer em um instante. O nascimento acontece, um milagre da vida. Em seguida, nas Bem-aventuranças em Mateus, Yeshua diz:

> *"Absolutamente felizes, no momento certo, são aqueles por quem flui um caudal de amor profundo, pois darão à luz uma nova vida, nunca antes vista, em si mesmos e nos outros".**

Raízes e Ramos

As palavras geralmente traduzidas como "misericordioso" e "misericórdia" são aqui *lamrahmane* e *rahme*. Denotando amor, essas palavras têm como base as antigas raízes semíticas (RHM), as quais formam também a palavra "ventre" (3). Elas revelam um jato de luz e calor (RA) emitido de um espaço interior profundo (HM). A raiz HM também nos indica que aquele Sentido Sagrado – Sabedoria Sagrada *hakima* (H-KM-A) está aqui. Essa não é uma ideia abstrata de amor incondicional, mas um amor profundamente sentido, silencioso, imbuindo todos os nossos sentidos encarnados.

Mensagem para Hoje

Simples, não? Sim, tão simples que não há nada que possamos fazer quando esse amor aparece, a não ser... permitir que se

* Mateus 5,7: "Bem-aventurados os misericordiosos, porque alcançarão misericórdia".

manifeste. Como observei anteriormente, porém, chegar a esse ponto pode nos levar a muitos lugares sombrios em nosso self-*naphsha* pessoal. No entanto, nas profundezas de si mesmo, nosso *naphsha* quer realmente remover seus bloqueios ao fluxo da alma-*ruha*. Dessas profundezas e escuridão, uma torrente de energia de nascimento inunda tudo o que poderíamos chamar de amor, luz ou vida. Em outras palavras, tudo o que buscamos nas manifestações externas da vida, as quais, porém, nos oferecem apenas prazeres passageiros, nunca um padrão permanente de felicidade.

Algo importante que aprendi depois de me dar conta desse padrão é que, mesmo nos dias ruins, posso sentir gratidão pela oportunidade da vida. A maior armadilha talvez seja a de sentir a necessidade de me agarrar a um momento de felicidade, de gratidão ou de amor, à semelhança dos alunos de Yeshua que queriam prolongar a experiência vivida no Monte da Transfiguração propondo a construção de pequenas tendas nas quais viveriam para sempre. Para surpresa deles, porém, a visão extasiante de Yeshua e dos profetas logo desapareceu. O fluxo de *rahme* chega cada dia com uma nova face.

Talvez você e eu estejamos sendo chamados a agradecer antes de receber, e muito especialmente *enquanto* recebemos. Podemos agradecer não ao nosso *naphsha*-self por gerar um relacionamento, uma experiência ou uma realização particularmente maravilhosos, mas sim à fonte de *rahme* profunda, um amor que emerge das profundezas abaixo e dentro de nós.

Contemplação

Respirando "rah-hm-me" no coração, sinto minha respiração descendo e passando pelo plexo solar, abdome, quadris, pernas e pés. Daí ela continua até o centro da terra, onde consigo sentir uma energia intensa de amor-nascimento-*rahme* refletindo e chegando a mim, me abraçando com todo amor maternal que eu jamais poderia desejar.

Quando essa respiração retorna ao meu coração, sinto uma pequena chama começando a aumentar e queimando todas as lembranças do passado que me mantêm cativo. Lanço-as todas nesse fogo purificador. Em seguida, jogo nele meu pequeno senso de self, que surge das cinzas purificadas. Por fim, posso começar a sentir a possibilidade de verdadeira liberdade.

Posso voltar a essa prática sempre que sentir necessidade. Também posso realizá-la com as contemplações das Bem-aventuranças anteriores (ver Apêndice C.).

CAPÍTULO QUATORZE

VENDO A VIDA COM UM CORAÇÃO PLENO

Palavras-chave: dadkeyn blebhon, nehzun l'alaha

Ao ser encaminhado ou atraído a este dia, conscientize-se da profunda necessidade do seu coração de se sentir unificado e pleno e de ver sua vida com clareza.

Na próxima bem-aventurança em Mateus, Yeshua oferece a oportunidade de nos sentirmos completamente *dentro do coração*, vendo a vida iluminada, delineada em luz e claridade. Isso acontece logo depois de sentirmos nosso coração transbordar de amor e gratidão como parte da energia maior, a energia do nascimento que nos envolve no ventre da nossa *ruha*-alma (13). Aqui podemos unir coração, cabeça e todos os nossos sentidos para perceber a Vida Maior em toda parte:

*"Cheios de alegria, felizes no Agora, são os que se sentem plenos em seu coração, pois serão iluminados por sinais da Realidade para onde quer que olhem".**

Raízes e Ramos

As palavras habitualmente traduzidas como "puros de coração" são *dadkeyn b'lebhon*, completo e cheio a ponto de transbordar *dentro* do coração. Lembre que para os povos antigos o coração em nossa carne era expressão de uma realidade invisível de percepção, pensamento, sentimento, amor e vontade. Como já esclarecido, as antigas línguas semíticas não dispunham de uma palavra para "mente" ou "cérebro". Isso explica as palavras de Yeshua em geral traduzidas como "do coração procedem pensamentos imaturos ('maus') (Mt 15,19). As palavras em geral traduzidas como "ver a Deus" correspondem ao aramaico *nehzun l'Alaha*: ter a visão iluminada, como em um relâmpago, pela própria Realidade.

Mensagem para Hoje

As palavras "ver a Deus" talvez nos lembrem Yahweh dizendo a Moisés em Êxodo (33,20): "Não poderás ver a minha face, porque o homem não pode ver-me e continuar vivendo". Para os antigos, a "face" (*pana*, em hebraico) representava a essência da expressão de uma pessoa no tempo e no espaço. Mais tarde,

---

* Mateus 5,8: "Bem-aventurados os puros de coração, porque verão a Deus".

o Alcorão emprega o termo *fana* (derivado das mesmas raízes semíticas), que significa, literalmente, perder a face externa ou aparência de algo, permanecendo tão somente a beleza e o poder da Realidade em sua plenitude (55,26-27). Quando parte dessa plenitude permeia nosso coração, a única opção do nosso pequeno self, *naphsha*, é "morrer". Nesses momentos, a vida passa diante dos nossos olhos com clareza, como em um clarão de raio, sem nenhuma capacidade ou necessidade de impor-lhe nossas preferências pessoais.

Hoje, claro, a visão convencional nos diz que ninguém pode conhecer realmente a verdade, tudo sendo uma questão de pontos de vista relativos, nada verdadeiro ou falso. Para Yeshua, quando vejo a vida desde o clarão do raio do coração, o que realmente acontece diante de mim se torna absolutamente claro. A visão clara é acompanhada por *malkuta*, o "Eu posso" (10), revelando o que devo fazer no momento.

Talvez a vida esteja convidando você para uma peregrinação no "caminho das Bem-aventuranças" de Yeshua: primeiro, para eliminar do coração as preferências pessoais e, em seguida, deixar que ele se encha e transborde de gratidão e amor. Com o coração pleno, *podemos* ver e pensar com clareza. Esse é o uso adequado da superfície do coração. A limpeza do nosso coração pode acontecer em um instante, em um momento de profunda necessidade, ou pode necessitar de várias etapas. Entretanto, nada disso pode acontecer se nos deixarmos levar, dormindo ou delirando, pelo caminho da vida, por ser mais confortável do que seguir o caminho apontado por Yeshua.

Contemplação

Voltando a respirar dentro do coração, sinto novamente o movimento de amor e vida para baixo, desde acima do meu corpo, atravessando-o todo, e seguindo em direção ao centro da terra. Lá, encontro outra fonte de Grande Amor esperando para voltar para cima passando pela região inferior do corpo e dirigindo-se ao coração. Sinto todo o amor e gratidão que jamais poderia ter desejado receber de alguém. Então, de baixo e de cima, sou inundado com mais do que o suficiente para me sentir pleno.

Inspirando "dahd-keyn", completo, e expirando "b'leb--hon", dentro do coração, o fluxo de vida e amor se expande desde o coração para tudo o que está ao meu redor.

Então, respirando "neh-zun 'l'alaha", observo situações da minha vida atual por meio do coração. O raio maior de amor, que inclui abdome e coração juntos, pode subir até a cabeça para que todo o meu corpo se torne um coração. Todos os meus sentidos se tornam claros para me mostrar tanto os sinais do que realmente é quanto o que cabe a mim fazer.

CAPÍTULO QUINZE

SUAVEMENTE FLUI A ÁGUA DA PAZ

Palavras-chave: abday, shlama, qara

Ao ser atraído ou encaminhado a este dia, aproveite a oportunidade para sentir que está se tornando um canal aberto para o amor, a luz e a vida que fluem para o seu mundo, regando plantas de paz universal.

Plantar é um trabalho árduo, especialmente onde é preciso escavar. Mas é necessário também preparar a compostagem para o solo: juntar tudo o que restou do consumo da vida, deixá-lo fermentar, revolver, acrescentar mais material, revirar novamente, prestar atenção ao processo de maturação e ao clima, e por fim colher o produto final para iniciar um novo ciclo. Nós, humanos, estivemos fazendo algo semelhante por cerca de dez mil anos. Além disso, há também a "agricultura" dos que antecederam a descoberta dos processos agrícolas propriamente ditos, ou seja, a dos caçadores-coletores que também realizaram um profundo trabalho interior para intuir onde procurar e como empreender longas jornadas para encontrar alimento. Alguns podem ter vivido em uma espécie de paraíso alimentar, mas tudo indica que esses paraísos foram passageiros e sujeitos a "atos de deuses ou deusas", resultando em expectativas de vida mais curtas do que as atuais.

Os ouvintes de Yeshua sabiam de tudo isso. Então, quando ele fala sobre o projeto de plantar a paz universal em nossa vida, isso também envolve trabalho, interior e exterior, bem como paciência – a capacidade de fazer o tempo (e a impaciência) parar. Por "paz universal", entendo a palavra que Yeshua usa – *shlama* – a profunda paz que flui da fonte da Realidade através de um canal aberto entre alma e self, *ruha* e *naphsha*. Quando se consolida, esse canal desenvolve a "paz que excede toda a compreensão" (Filipenses 4,7). Novamente das Bem-aventuranças em Mateus:

> *"Em momento ditosamente maduro vivem todos os que são semeadores ativos e constantes da paz, canais do momento de criação da Realidade. Ao se esvaziarem (como o caule da planta que conduz os nutrientes), eles serão marcados com o sinal de Alaha, a própria Realidade".**

Raízes e Ramos

Além de *tubwayhun* (1), a palavra-chave aqui é *abday*, geralmente traduzida como a parte "fazedores" da paz ("pacificadores", do

* Mateus 5,9: "Bem-aventurados os que promovem a paz, porque serão chamados filhos de Deus".

latim, "pax + facere"). Suas raízes mostram os significados aparentemente paradoxais de se curvar e criar, de se render e conscientemente manifestar o invisível. "Plantar" requer todos esses atos. Quem planta se curva para plantar, criando espaço dentro de si ao revolver a terra para que a semente germine. A palavra traduzida como "chamado" é uma forma de *qara*, que também remete à imagem de esculpir ou escavar, criando um canal para o fluxo de luz e fulgor (QA+RA). Encontramos uma forma hebraica da mesma palavra em Gênesis 1, quando Yahweh "chama" (ou esculpe) a criação à existência. "Filhos" é uma forma de *bna*, nascimento, emanação ou nova abertura.

Mensagem para Hoje

Estas são lições fáceis de compreender, mas difíceis de aplicar, pelo menos pela minha experiência. Há momentos para trabalhar sem descanso e outros momentos para deixar a natureza seguir seu curso. Às vezes, o trabalho mais difícil é simplesmente escavar o *naphsha*. Mesmo que eu aplique toda a minha energia pessoal em um projeto, não preciso me deixar absorver por ele. Posso deixar que siga seu fluxo. O sucesso ou o fracasso são definidos pelos observadores ou curiosos, os quais têm seus modos peculiares de perceber.

Talvez a vida o esteja chamando para trabalhar mais, trabalhar com mais sabedoria ou interromper totalmente o trabalho externo por algum tempo. Você consegue perceber onde está a "*maturidade*" do seu projeto (ou da sua vida) neste momento?

Em que estação ela se encontra? Você consegue perceber a maturidade do seu *naphsha* neste momento? Esta é a verdadeira planta que tem seus invernos, verões, outonos e primaveras. Conseguimos manter fértil a terra do nosso self, preparando a compostagem, fermentando e transmutando momentos passados em crescimento presente?

Contemplação

Primeiro, respiro no coração e em torno dele com as palavras para plantar paz – "ahb-dai shlah-mah". Posso me entregar ao trabalho necessário para manter meu coração aberto à inspiração e à energia criadora da alma – inclusive o trabalho interior de deixar que o fluxo siga? Esse fluxo é a única planta que oferece paz e felicidade verdadeiras e que me deixa satisfeito com qualquer resultado que aconteça.

Então, soltando um pouco mais, inspiro "d'al-la-ha" e expiro "net-qar-un", sentindo-me um canal por onde passa uma Realidade maior em direção a tudo o que me cerca. O fluxo de *shlama* muda e aumenta constantemente, envolvendo toda a minha vida. É assim que forneço alimento para meu *naphsha*, o pão da vida de que ele precisa em todas as estações.

CAPÍTULO DEZESSEIS

RECOMECE COMO UM FILHO DA LUZ

Palavras-chave: shelu b'sheme

Ao ser dirigido a este dia, reserve alguns minutos para liberar espaço em seu coração. Nesses momentos, sinta-se mais jovem, banhado por um caudal ilimitado de luz, amor e vida.

Yeshua altera nosso roteiro habitual de muitos modos. Em geral dizemos que começamos onde estamos, mas ele pede que comecemos de uma experiência muito mais ampla e consciente de quem realmente somos: luz ilimitada e relacionada. Começando assim, deixamos temporariamente para trás nosso pouco e trivial senso do self (*naphsha*). Voltaremos a encontrá-lo mais tarde, com todos os desafios que a vida nos apresentar, mas esse reencontro será diferente. Com menos bagagem da vida para carregar, nós nos sentimos mais jovens, mais imbuídos de "espírito" (sopro, respiração). Esse é o segredo encoberto por todas as palavras de Yeshua relacionadas à oração, à cura e aos pedidos "em seu nome". Por exemplo:

> *"Quem encontra e recebe alguém como uma criança, como se fosse dentro da minha luz e atmosfera, recebe ao mesmo tempo a mim".**

> *"Se você se abrir para se tornar um canal para minha luz e atmosfera, pedindo alguma coisa dessa maneira, é como se eu pedisse por meio de você. Então Abwun, o pai do cosmos, canta uma canção por meio do seu filho".***

Raízes e Ramos

A expressão em geral traduzida como "em meu nome" é o aramaico *b'sheme*. A primeira letra, *b*, pode significar "com", "junto com", "ao redor", "em" ou "dentro". Então, o que é verdadeiramente sentido como se estivesse *dentro* também é sentido ao meu redor – eu me encontro dentro de um campo maior de *shem* – luz como vibração – uma onda interligada de inspiração, conhecimento profundo e sabedoria. "Pedir" ou "rezar" em aramaico é uma forma de *shelu*, abrir-se e tornar-se vazio, um instrumento para um fluxo dessa música cheia de luz. "Receber" é uma forma de *qabel*, receber e perceber alguém ou algo no

---

* Mateus 18,5: "E aquele que receber uma criança como esta por causa do meu nome, recebe a mim".

** João 14,13: "E o que pedirdes em meu nome, eu o farei a fim de que o Pai seja glorificado no Filho".

tempo e no espaço, realidade material. "Glorificar" é uma forma de *shebah*, uma melodia ou canção que retorna à sua fonte (24).

Mensagem para Hoje

A vida real é a vida em relação, diz Yeshua. Nós nos relacionamos através da luz, da vibração e da música da vida com as coisas e seres que percebemos ao nosso redor, bem como com um mundo muito maior e invisível. Em ambos, podemos tocar o *shem* de Yeshua, sua atmosfera. Essa atmosfera não é limitada e não limita quem a toca. Pelo contrário, liberta-nos para sentir, embora à nossa maneira, a mesma liberdade e possibilidade ilimitada que o próprio Yeshua sentiu. Encontramos a realização de tudo o que desejamos nesse campo maior de luz-amor-vida. Nós simplesmente (simplesmente!) precisamos romper os limites do nosso pequeno self-*naphsha*, nossa respiração limitada, e tocar a alma-*ruha*, o Grande Sopro.

Talvez hoje seja o momento de você recomeçar de um centro diferente de ver e fazer. A música maior da vida já está realmente presente em *todos* os nossos relacionamentos – é o que sempre almejamos – mas ignoramos que é a nossa alma, *ruha*, tocando o nosso ombro para nos lembrar desse vínculo maior. Yeshua se oferece como um ponto de contato, um mediador *por meio de quem* podemos nos relacionar. Ele não quer que nos detenhamos nele, mas que, depois de passar por ele, prossigamos para o campo maior de *shem*, que ele chamava *shemaya*, um "céu" que está ao mesmo tempo acima, abaixo, em torno e dentro de nós.

Contemplação

Sinto minha respiração subir e descer em um ritmo natural. Então coloco uma das mãos levemente sobre o peito, deixando que meu senso de consciência corporal ou "centro" saia da minha cabeça e se estabeleça dentro do meu coração e em torno dele. Ao mesmo tempo, sinto minha respiração tornar-se mais profunda e relaxada.

Abrindo-me mais, uso a palavra de Yeshua "shel-u" para me esvaziar e receber. Para reforçar o vínculo, respiro "b-shem-e" (dentro do meu *shem*), tocando a atmosfera de Yeshua. Evito imagens, figuras ou pensamentos sobre ele e continuo respirando em uma conexão sentida, viva, agora, que só liberta, não limita.

Por fim, respirando "shi-bah", começo a sentir minha vida como mais simples, mais jovem, mais harmoniosa – uma canção que retorna à sua Fonte, *Abwun*.

CAPÍTULO DEZESSETE

VISÃO TURVA

Palavras-chave: ayna, heshukha, nuhra

Ao ser atraído ou encaminhado a este dia, aproveite a oportunidade para dissipar as nuvens persistentes da sua visão interior para que você possa ver o que está realmente acontecendo.

Imagens de nós mesmos ou de outras pessoas, lembranças, esperanças frustradas – tudo isso cria impressões na superfície do nosso coração. Algumas tradições aconselham limpar esse "espelho" constantemente. Yeshua diz que essas impressões fazem parte da aceitação da dádiva de sermos seres humanos. Podemos considerá-las como uma oportunidade para exercitar a prática de liberar, como preparação para nos livrar da imagem mais entranhada – a de termos um self individual, um *naphsha*, que não dura mais do que o número de respirações que temos neste corpo.

Em uma das modalidades de prática devocional, mudamos nosso clima interior, dispersando cada nuvem que paira sobre o nosso coração, soprando-a para longe. Em outra, saltamos para o lado oculto das nuvens para constatar que o sol continua brilhando: em outras palavras, o sol da consciência, nossa *ruha*-alma, que cria nosso pequeno self com todas as suas nuvens. Nós, seres humanos – coletiva e individualmente – apreendemos o que percebemos e então agimos de acordo com o percebido. Yeshua adota ambos os métodos e expande um pouco mais suas nuances:

> *"Sempre que a fonte viva do olho do seu coração – interno e externo – fica obstruída, todos os seus sentidos ficam embaçados, enevoados, obscurecidos. A luz irradiada da alma, querendo passar, fica obstruída, e a luz interior não consegue alcançar a luz exterior. Isso é você revivendo a Grande Escuridão do início do cosmos, antes que o 'haja luz' se tornasse realidade. Antes que a consciência – saber e sentir conscientemente – se tornasse uma possibilidade".**

Raízes e Ramos

A palavra traduzida como "maus" é uma forma de *bisha*, imaturidade – algo que não está na hora nem no lugar certos, em descompasso com o momento. "Escuridão/trevas" é *heshukha* (8), termo diretamente relacionado ao hebraico *hoshech*, que

* Mateus 6,23: "Porém, se teus olhos forem maus, todo o teu corpo estará em absoluta escuridão. Por isso, se a luz que está em ti são trevas, quão tremendas serão essas trevas!".

Gênesis 1,2 emprega para indicar a incognoscibilidade espessa, densa, do que era "antes" do início do cosmos. "Luz" é novamente uma forma de *nuhra*: luz interior e exterior, conhecimento, sabedoria e a capacidade do *naphsha*-self de sentir a si mesmo. "Corpo" é de fato cadáver, *pegra*. O aramaico não tem uma palavra para a forma de um "corpo" vivo, apenas sua substância, a carne (*besra'*). Quando o fluxo de *nuhra* irradiando-se de sua fonte é obstruído, nada está realmente vivo em nós.

Mensagem para Hoje

Somos luz infinita em busca de luz, com nosso coração mediando uma experiência humana que oferece uma virada criativa toda nossa aos anos que temos na carne. Equivale essa criatividade à verdadeira liberdade? Ou seja, podemos ver, ouvir e sentir o que nunca existiu antes, mas está maduro para desenvolver o que estamos aqui para fazer hoje? Esse é o nosso potencial. Ou nos tornamos tão limitados que não conseguimos sentir nada além do nosso pequeno self e seu isolamento de tudo e de todos ao nosso redor? Se esse for o caso, "Quão tremendas serão essas trevas!" como diz Yeshua, prevendo o quanto os sentimentos de alienação e desespero predominariam na vida moderna.

A vida está pedindo que percebamos que estamos todos um pouco "enevoados". E também que podemos dissipar as nuvens imediatamente. Temos o total amparo da fonte de luz e amor que criou a nossa vida. Todos podemos realmente mudar a nossa vida e, então, a vida de todos os outros seres vivos com os quais estamos unidos pelo vínculo comum, *ruha d'qudsha*, Respiração Sagrada.

Contemplação

Começo dizendo que não preciso seguir o caminho que minha família determinou, que minhas lembranças traçaram ou que a "atmosfera" do meu passado prevê. Eu posso mudar esse roteiro. Então respiro com um sentimento de gratidão dentro do meu coração e em torno dele: aqui estou, dentro da luz da alma que me sustenta.

Em seguida, acrescento a palavra "hesh-u-kha", respirando com toda obscuridade que eu possa sentir. Esta pode ser algo específico. Ou posso dispor de um momento para eliminar possíveis impressões que eu esteja carregando de ontem ou de qualquer momento do passado. Há na respiração e no coração espaço para que surjam agora. Ao que emergir, acrescento mais e mais luz, "nuh-rah". Ou expiro "hesh-u-kha" e inspiro "nuh-rah", liberando toda sensação de constrição de dentro ou da periferia do meu coração.

Se algo restar, pergunto: O que essa sobra está querendo me dizer? Que intensidade de luz, de amor e de gratidão poderia transformá-la totalmente? No espaço da pergunta, sinto a intensidade apropriada de *nuhra* entrando, e aceito o presente, na medida das minhas necessidades.

CAPÍTULO DEZOITO

UMA RESPIRAÇÃO DIFERENTE

Palavras-chave: ruha d'qudsha, shubqana

Ao ser dirigido a este dia, aceite a oportunidade de respirar de modo diferente: sinta sua respiração como um sexto sentido que percebe o que seus outros cinco sentidos deixam passar.

Às vezes temos a sensação de que alguém atrás de nós está nos observando. E está mesmo. Ou então, acordamos sabendo que um determinado fato irá acontecer mais tarde, mesmo que não faça sentido lógico. E acontece. Ou ainda, temos um sentimento inexplicável de comunhão com outra pessoa ou com algum animal. Damos a fenômenos dessa natureza o nome de "sexto sentido" ou algo semelhante. Segundo Yeshua, o importante é não negarmos a sensação de vínculo. Ela é real e tão próxima quanto nossa respiração. Ele diz:

*"Pela terra em que estou, digo-lhes a verdade: toda sensação de separação ou de vinculação pode ser desfeita e revertida, até mesmo mentiras e calúnias. Mas caluniar, negar e mentir sobre a existência do Sopro Sagrado – seja em palavras, seja em atos – isso não pode ser desfeito nem voltar a um estado saudável enquanto a pessoa viver em sua realidade separada, agindo como se unicamente seu pequeno self existisse".**

Raízes e Ramos

Em aramaico, "Espírito Santo" é *ruha d'qudsha*, mais precisamente, "Sopro Sagrado". A expressão equivalente na versão grega dessa passagem, *pneuma to hagion*, tem o mesmo significado, desde que se entenda a palavra grega *Theos* no sentido empregado por Yeshua: como a Realidade em si, não no sentido da ideia platônica de um "Deus separado". A palavra traduzida como "pecados" é uma forma do aramaico *khatha*, um emaranhado ou quebra de um vínculo (26). A palavra traduzida como "blasfêmia" vem do aramaico *gudapha*, "mentir", "causar uma ruptura" ou "calúnia". As palavras sobre perdão são formas de *shubqana*, liberar ou fazer com que algo recupere seu estado saudável e natural (26).

---

* Marcos 3,28-29: "Na verdade vos digo: tudo será perdoado aos filhos dos homens, os pecados e todas as blasfêmias que tiverem proferido. Aquele, porém, que blasfemar contra o Espírito Santo não terá remissão para sempre. Pelo contrário, é culpado de um pecado eterno".

Mensagem para Hoje

Yeshua expressa um entendimento importante que em grande parte está ausente da cultura ocidental atual: há um sopro relacionando o mundo visível ao invisível. Hoje, a humanidade está apenas começando a redescobrir que todos nós respiramos o mesmo ar externo, proveniente da mesma atmosfera, por mais poluída que esteja ao nosso redor. Yeshua nos aconselha a aclimatar nosso *naphsha* ao hábito saudável de respirar de modo diferente quando nos sentimos emaranhados em uma situação ou separados de nossa inalação mais profunda. Podemos nos sentir respirados pela Realidade em vez de presos em nossa pele. O self individual, o *naphsha*, é limitado e contido em *ruha*, um pequeno "eu" dentro do "Eu" maior. As pessoas compreendiam melhor esse fato na época de Yeshua, especialmente os pobres, que em geral apenas "se agarravam" (ver Capítulo 9). No entanto, mesmo naquela época, os efeitos da riqueza, dos privilégios e da cultura urbana já haviam se espalhado pela região, e com frequência as pessoas eram compelidas a se sujeitar a essas influências deletérias exercidas por autoridades políticas e religiosas.

Talvez a vida esteja lhe pedindo que questione seu senso de direito, de saber mais ou melhor ou de ter mais ética do que outras pessoas. Essas são as armadilhas mais sutis que nos fazem sentir presos em nossa própria pequena respiração, subitamente impotentes, mesmo quando seria apropriado falar. Conseguimos dar o primeiro passo – questionar até que ponto nos sentimos realmente confortáveis ao abrigo do nosso pequeno senso de self, de respiração? E então dar o passo seguinte – respirar de maneira diferente?

Contemplação

Interrompo por alguns momentos o que quer que esteja fazendo e inspiro e expiro com as palavras "ru-hah d'qudsha". Aquietando-me em minha onda de respiração natural, sinto seus sons abertos acalmando-se e ressoando dentro do meu coração e em torno dele.

Consigo ser humilde o suficiente para pedir ajuda para entrar nessa respiração maior, menos confinada por minhas preocupações, mais aberta a um senso mais profundo de criatividade, cura e fortalecimento? Yeshua está sempre me indicando essa direção.

Se alguma impressão específica surgir e restringir minha respiração, agrego a ela o som da palavra "shub-qahn-ah": liberando-a para o vazio curativo. No momento em que vazio e plenitude, exalação e inalação se fundem, quando todos os sentidos se unem, *lá* – no Sopro Sagrado.

CAPÍTULO DEZENOVE

VINHO NOVO EM ODRES VELHOS

Palavras-chave: hamra hadta

Ao ser atraído a este dia, aproveite a oportunidade para mudar sua maneira de agir e assim corresponder à nova e candente compreensão que está aquecendo e fermentando dentro de você.

Às vezes a vida nos prepara algumas surpresas – uma doença, o rompimento de uma relação, a sobrevivência espantosa a um acidente fatal, uma cura aparentemente milagrosa, um presente inesperado ou um despertar interior, para mencionar apenas algumas. Quando Yeshua curava um doente, quase sempre lhe dizia, "Vá para casa por outro caminho". Por quê? Porque aqueles que nos conhecem mais de perto (como sendo uma pessoa "doente", "necessitada", etc.) muitas vezes se fixam inconscientemente nessa imagem quando, na verdade, estamos mudando ou talvez já tenhamos mudado. Ele usa palavras diferentes ao comunicar sua conhecida mensagem sobre vinho novo posto em odres velhos:

> *"Ninguém põe vinho novo e em fermentação, ainda em processo de propiciar felicidade, em odres que já começaram a se deteriorar. O vinho em fermentação estourará o recipiente velho – pois este perdeu sua flexibilidade – entornando o vinho. Assim, põe-se vinho novo em odres novos, e um conservará o outro".**

Raízes e Ramos

O aramaico tem duas palavras para "vinho"; a empregada aqui é *hamra*. Suas raízes remetem a algo que aquece, envolve, gera paixão. A palavra para "novo" é uma forma de *hadta*, baseada na raiz HD, para algo que é animado em seu estágio inicial, dando felicidade ou se desenvolvendo de modo específico e orientado (32). Relacionado a esta palavra, um dos "belos nomes de Alá" no Alcorão se torna *Al Hadi*. Hoje o vinho é envelhecido em garrafas ou barris, mas naquela época eram usados recipientes (sacos) feitos de pele; se fossem muito velhos, o vinho fermentado os estourava e tanto o vinho quanto a pele se perdiam.

---

* Mateus 9,17: "Nem se põe vinho novo em odres velhos; caso contrário, estouram os odres, o vinho se entorna e os odres ficam inutilizados. Antes, o vinho novo se põe em odres novos; assim, ambos se conservam". Também Marcos 2,22, Lucas 5,37.

Mensagem para Hoje

Yeshua sabia que quando algo fermenta em nós – um vinho novo, uma nova visão da vida – nossa vida exterior precisa mudar. Os rituais do Templo de Jerusalém da sua época haviam sido cooptados ao longo de muitas gerações pelo regime político que detivesse o poder. Como consequência, perdera-se a capacidade interna desses rituais de unir a alma ao self, *ruha* a *naphsha*, seu poder de aquecer o coração de uma pessoa e reviver sua paixão. Yeshua trazia algo novo: o entendimento de que o "eu" de *cada* pessoa poderia se unir diretamente à fonte absoluta de sua renovação. O "eu" pessoal, individual, poderia fermentar e se tornar um novo e transformado "eu" unindo-se à sua origem: eu a Eu, um a Um. O Evangelho de João cita Yeshua usando a fórmula "Eu-Eu" (*ina ina*) inúmeras vezes em ditos mal traduzidos, por exemplo, como "Eu sou o caminho, a verdade e a vida".* Essa fermentação exigia novos recipientes. Então Yeshua agiu como um desestabilizador espiritual, não como alguém tentando reformar costumes que haviam sucumbido (em termos de hoje) ao "materialismo espiritual".

Quase cinquenta anos atrás, trabalhando como repórter investigativo, eu acompanhava uma história que me levou do Colorado à Costa Oeste. Deslocando-me em um carro compartilhado (eu era jovem!), a certa altura o veículo capotou no meio do Grande Deserto de Salt Lake, em Utah. De alguma maneira, todos saímos ilesos, desviramos o carro, firmamos o

* Para essas traduções, ver a segunda metade de RAJ.

para-brisa e continuamos nosso percurso. Quanto a mim, fiquei profundamente abalado, por dentro e por fora. Na semana seguinte, conheci meu guia espiritual na Califórnia, e estava bem aberto para sentir um pouco a luz que ele transmitia através dos olhos. A um acontecimento desastroso seguiu-se um acaso venturoso, com a consequente mudança da minha vida.

Talvez a vida o esteja chamando neste momento para assumir um novo modo de vida, um modo mais adequado à ventura ou à crise pela qual você passou recentemente. Guiadas pela graça, essas oportunidades nos oferecem um modo de beber o vinho que nos torna mais plenamente humanos, enriquecendo a vida com um aumento de satisfação, paixão e felicidade. Pense no presente, e se ouvir esse chamado, aceite-o.

Contemplação

Inspirando "ham-rah", calor ardente, e expirando "had-ta", orientação feliz, sinto meu coração abrir-se para possibilidades inesperadas ao meu redor.

Ao mesmo tempo, experimento uma nova abertura interior enquanto meu coração une meu pequeno self "eu" à fonte de amor, cura, vida, graça, luz – o único "Eu" que me acolhe no abraço da minha *alma*.

A graça me trouxe a este momento culminante e aqueceu meu coração. Ela promete fermentar minha vida encarnada para que possa se tornar inebriantemente feliz.

CAPÍTULO VINTE

PAUSA PARA DESCANSO ENTRE CÁ E LÁ

Palavras-chave: alaha, nyach

Ao ser atraído ou encaminhado a este dia, aceite o presente de fazer uma pausa em suas atividades diárias para descansar em uma respiração suave e natural sentida no coração e em torno dele.

"Tirar uma folga" tornou-se hoje uma frase que todos entendem, de crianças a adultos. Mas tirar folga *do quê*? A vida moderna parece uma série infindável de coisas a fazer, de afazeres. A impressão é que não temos controle sobre a nossa noção de tempo quando realizamos só uma tarefa por vez. Para o nosso self, tirar uma folga provoca ainda outra pergunta: qual self? Significa simplesmente deixar nossos pensamentos, preocupações e medos antecipatórios sobre o futuro livres e descontrolados? É isso provavelmente, mais do que tudo, que nos mantém ocupados, correndo de um lado para outro, mesmo estando de férias.

Yeshua propõe que paremos o próprio tempo, primeiro programando momentos regulares para descansar o pequeno self, o *naphsha*, e segundo, encontrando um lugar de descanso mais profundo no meio da onda da nossa respiração, entre a inspiração e a expiração. Essa orientação não é exclusiva dos ensinamentos de Yeshua, mas faz parte de muitas tradições espirituais antigas em todo o mundo. No entanto, Ele tem uma forma simples e bela de expressá-la:

> *"Segui o meu caminho vós todos que estais cansados de carregar fardos que vos sobrecarregam ou vos impedem de avançar na vida. Eu vos ofereço um modo de soltá-los, de parar no meio do sobe-e-desce, do vai-e-vem ... Minha missão é plantar a luz em vosso self. Um fardo bem pequeno, aromático, agradável para todos os vossos sentidos".**

Raízes e Ramos

Para Jesus, "vir a mim" significa sempre aproximar-se do modo como Ele vive e sente a realidade. Aqui, essa frase corresponde ao aramaico *taw lawoty*. A palavra-chave nesse dito, traduzida como "descanso", é uma forma de *nyach*, derivada das antigas raízes semíticas NCh ou NH. Essas raízes também formam o nome do profeta bíblico Noé (*Nu(c)h* em aramaico). O descanso

---

* Mateus 11,28,30: "Vinde a mim todos os que estais cansados sob o peso do vosso fardo e eu vos darei descanso ... pois o meu jugo é suave e o meu fardo é leve".

que devemos encontrar é como a arca na qual Noé sobrevive ao dilúvio que inunda o mundo. O que ameaça inundar a nós são nossos fardos, uma forma de *mawbala* (a KJV traduz esse termo como "sobrecarregado"), que curvam nosso pequeno self, impedindo que nos movamos. A palavra traduzida "jugo" (*nira*) se relaciona tanto com o plantio quanto com a materialização da luz como uma lâmpada. A palavra traduzida como "suave" (uma forma de *basiym*) também pode significar "picante", "delicioso" e "aromático"; todas palavras associadas ao plantio e ao que agrada aos nossos sentidos.

Mensagem para Hoje

Nossa verdadeira tarefa na vida consiste em receber a luz da nossa alma (*ruha*) através do coração, em seguida plantá-la em nosso self (*naphsha*) e materializá-la. Novamente, em geral é preciso escavar um pouco (15). Parte da escavação acontece durante o sono e os sonhos, momento em que a cura e a inspiração podem ocorrer e concretizar-se na manhã seguinte. Os povos antigos viam as sementes como seres vivos esperando ser-lhes destinado seu devido lugar para "descansar"; então, com o tempo e a nutrição adequados, elas revelam uma forma de luz materializada, parte da qual nós, humanos, podemos receber como alimento.

Talvez a vida esteja convidando você a entrar nesse lugar profundo de descanso, plantar uma semente recebida em seu coração e cultivar uma nova vida repleta de um amor ainda maior do que até agora. Esse lugar de repouso pode estar tão perto quanto sua própria respiração.

Contemplação

Fechando meus olhos, descanso por um momento, sentindo uma respiração natural e suave centrada em meu coração e em torno dele. Começo a inspirar ouvindo "Ala-ha", Realidade, e a expirar "ni-yach". A Realidade está descansando e se renovando por meu intermédio.

Começo a perceber as breves pausas que ocorrem naturalmente quando minha respiração está toda dentro ou toda fora. Consigo descansar e me renovar nessas pausas? Elas são como a pausa feita pela natureza durante o inverno, preparando-se para a primavera. Minha respiração e vida fazem parte dos mesmos ciclos naturais.

Também posso fazer esta simples sintonização respiratória antes de me recolher à noite. Entrando em outra realidade, invisível, sinto-me amparado pela respiração, pelos batimentos cardíacos e por um vínculo com *Alaha*. Nada mais é necessário.

CAPÍTULO VINTE E UM

SAINDO DO POÇO SEM FUNDO

Palavras-chave: tubwayhun, abiyla, biya

Ao ser dirigido para cá, aproveite a oportunidade para sentir sua alma cuidando de toda confusão e aflição retidas pela superfície do seu coração. Se cair, você será levantado.

Quando as escoras com que mantemos nosso pequeno self desaparecem — nossas identidades, conceitos, autoimagens e realizações – podemos ter a sensação de cair em um poço sem fundo. É por isso que muitas pessoas não param para respirar mais profundamente: elas podem começar a ter essa sensação. O pequeno self é essencialmente temporário, motivo por que enfrentar a morte, seja a de uma pessoa próxima ou a lembrança da nossa, pode desencadear uma crise.

Yeshua sabia disso tudo, pois ele mesmo vivera essa experiência e a inseriu em suas Bem-aventuranças, conforme relata Mateus. Depois de encontrar nossa morada na respiração, na verdade nossa *única* morada (2), podemos nos defrontar com as nossas outras habitações provisórias desmoronando. Ele diz:

> *"Ditosamente maduros são os que se sentem caindo num poço sem fundo de confusão e aflição. Se consentirem que sua alma os apanhe, encontrarão uma nova morada que os confortará e elevará, satisfazendo todos os seus desejos".**

Raízes e Ramos

Como vimos, a palavra para "bem-aventurados os que" é *tubwayhun*, uma forma de *taba*, maturidade, estar em sintonia com os batimentos cardíacos da nossa alma, e assim, com a Realidade em si (2). Nesses momentos, acreditamos estar cumprindo nosso propósito humano. Essa maturidade venturosa começa em geral com o abandono de tudo, menos da relação entre a nossa pequena respiração e a Grande Respiração. "Chorar" é uma forma de *abiyla*, cujas raízes (AB+LA) remetem a uma abertura para um poço sem fundo, o que inclui negligência, fraqueza, carência, luto, lamentação e nada – o sentimento de que nada importa e tudo é uma ilusão. Naturalmente, nosso pequeno self-*naphsha* pode sentir isso, pois sem um vínculo com *ruha*-alma, nada mais resta. Religar-se a ela é *biya*, raiz da palavra traduzida como "consolados". Tudo está em superar uma sensação de isolamento, mudando-se de um "não" (LA) com relação à vida para uma nova morada com janelas abrindo-se para a alma e para a Realidade em si (B+YA).

---

* Mateus 5,4: "Bem-aventurados os que choram, porque serão consolados".

Mensagem para Hoje

Na visão de Yeshua, mesmo sentimentos de tristeza e angústia apontam o caminho para a totalidade. Cair em um poço pode resultar em ser apanhado pelos braços de cura da alma e ser novamente levado para cima. Podemos descobrir que descer pode se transformar em subir, uma vez que no percurso largamos o peso da bagagem que nos pressiona para baixo.

Talvez a vida o esteja convidando a parar um momento e, respirando no coração, sentir o que você esteve negligenciando. Mesmo que seja apenas um "experimento de pensamento" ou mesmo um "experimento de sentimento", imagine livrando-se das identificações que lhe causam confusão e aflição, inclusive do sentimento de que "nada importa". Se nada importasse, você não estaria aqui, agora. Mas sua *ruha*-alma o trouxe aqui para um propósito. Se consegue acreditar nisso, o que o seu coração percebe, imagina e faz importa para cada coração e cada alma.

Contemplação

Começo voltando a respirar "tu-bway-hun", sentindo apenas batimentos cardíacos e respirando em meu coração e em torno dele.

Em seguida, sinto novamente meu coração como um espelho e vejo nele o que estive ignorando ou deixando de sentir. Ajudo esse processo respirando o som "ah-bi-lah", confusão, aflição, sem fundo. Depois de algumas respirações, passo a incluir o som e sentir "bi-yah", consolo, e me sinto subindo. Liberei o som "la", que significa "não", e o que resta não é só um "sim", mas o Grande Sim! – uma forma do "nome inominável" na tradição, *Yah*. Na verdade, é o som da minha própria respiração que sinto como parte da Respiração Sagrada, espírito sagrado.

CAPÍTULO VINTE E DOIS

LIGADO, DESLIGADO

Palavras-chave: asiyr, shra

Ao ser atraído ou direcionado a este dia, aproveite a oportunidade para sentir os "músculos" internos do seu coração capazes de segurar e soltar, juntar e dispersar, de sentir um círculo se fechando e se abrindo: flexibilidade do coração.

Thomas Jefferson disse uma vez: "O governo que você elege é o governo que você merece". Um místico nativo do Oriente Médio como Yeshua diria, "Temos o mundo que percebemos, por isso devemos conduzir-nos e agir de acordo com a aparência com que se nos apresenta". Se a nossa *ruha*-alma é a observadora absoluta, enxergando com os olhos do nosso coração, então o colorido extra que adicionamos é o nosso *naphsha* recolhendo ou espalhando, juntando ou dispersando os pedaços que chamamos de pensamentos que se entrelaçam com o modo como a realidade material aparece.

Nossa alma colabora muito, por isso nos dá o que o coração escolhe, mesmo, ou especialmente, se não temos consciência dessa escolha. Isso se aplica também ao nosso *naphsha* humano coletivo. A única maneira de mudar isso é entrar no reino de *ruha*, que é o reino da luz, do amor e da energia vital – o "céu". Ir mais alto e mais fundo para a Fonte, *Alaha*. Yeshua comenta:

> *"Se o teu coração escolhe fechar uma parte de si mesmo em um círculo de coisas materiais, essa parte está fechada para tua alma, para o mundo da luz e da união, shemaya.*
>
> *Se o teu coração escolhe abrir esse círculo e eliminar parte do apego a essas coisas materiais, essa mesma porção correspondente do coração se abrirá e fará sua morada em shemaya".**

Raízes e Ramos

As palavras traduzidas como "ligar" (atar) e "desligar" (desatar) são complementares em aramaico: uma significa um círculo se fechando, *asiyr*; a outra, um círculo se abrindo, ou uma linha reta que não precisa ser fechada, *shra*, também relacionada a *shrara* (8). "Terra" é uma forma de *ar`ah*, qualquer forma de existência individual, partícula-realidade, material, inclusive a natureza. "Céu" é *shemaya* (5), a onda conectada e a realidade sonora da existência.

---

* Mateus 18,18: "Em verdade vos digo: tudo quanto ligardes na terra será ligado no céu e tudo quanto desligardes na terra será desligado no céu".

Mensagem para Hoje

No dito de Yeshua, nada há de negativo nos atos de ligar e desligar. Ambos remetem a formas de luz, *nuhra* – uma materializada, outra, não. Ele está simplesmente nos lembrando como a nossa consciência funciona. Se estamos insatisfeitos com alguma coisa que nos diz respeito, podemos avaliar o que é possível mudar. Só precisamos ir mais alto e mais fundo, à fonte de luz, a consciência incessante e ininterrupta da alma-*ruha*. É aqui que toda meditação, oração e ritual eficazes encontram sua finalidade principal. Sentir-nos-emos mais livres quando descobrirmos que podemos encontrar harmonia dessa maneira; parte da nossa consciência mente-coração estará vivendo em *shemaya* o tempo todo. Ninguém precisa nos autorizar ou favorecer com qualquer condição especial para fazermos isso. A relação entre self e alma mediada pelo coração está sempre disponível, parte da nossa herança humana. Só precisamos deixar espaço suficiente no coração para que a luz do Princípio passe por ele. Podemos então assumir a parte de "ligar" novamente, agindo na vida encarnada de um modo novo e mais maduro.

Talvez a vida o esteja chamando a reservar um momento para se libertar e, ao mesmo tempo – instantaneamente – sentir-se livre e em harmonia com a inspiração necessária para seguir em frente na vida, para limpar a superfície do seu coração e deixar que a cura e o amor entrem. Reserve um momento para isso.

Contemplação

Respirando natural e suavemente no coração e em torno dele, relaxo novamente nesse sentimento como minha morada verdadeira. Percebo possíveis restrições, obsessões ou sentimentos dolorosos que surgem e, ao mesmo tempo, libero-os o tempo inteiro – passado, presente e futuro.

Facilito o processo inspirando "as-ir" – ligando – e expirando "shrah" – desligando. Acrescento mais luz e amor. Então, sinto meu coração mais capaz de segurar e soltar, de amarrar e desamarrar, de se sentir preso e livre. Nesta vida, um ato não pode existir sem o outro. Abro espaço para toda qualidade de luz e amor que preciso agora para me libertar de hábitos inúteis ou lembranças dolorosas do passado. Não preciso me concentrar nem lembrar deles.

Meu "músculo cardíaco" pode precisar de um pouco mais de óleo de massagem, então acrescento gratidão. Grato por estar aqui, capaz de fazer exatamente o que estou fazendo – saindo da prisão e me dirigindo à minha nova morada no cosmos.

CAPÍTULO VINTE E TRÊS

O QUE PODERIA SER MAIS SUAVE?

Palavras-chave: makikhe, nertun ar'ah

Ao ser conduzido a este dia, aceite a oportunidade para sentir alguma parte do seu corpo que possa estar muito tensa ou rígida para receber sua herança natural, as dádivas da natureza: bem-estar e saúde.

"A vida é difícil. Seja forte. Seja resiliente. Prepare-se para o pior." Sem dúvida, muitos são os motivos para pessimismo quando recebemos somente as pseudonotícias transmitidas pela televisão ou pela internet. Mas o que dizer das verdadeiras notícias – na forma de transmissão simultânea da nossa *ruha*-alma que nos envia saúde, vida, cura, energia e todas as outras qualidades que tendemos a procurar só no que percebemos ao nosso redor?

Nas Bem-aventuranças em Mateus, Yeshua nos recomenda seguir nossa experiência de confusão, falta de direção e desesperança (21) com uma respiração mais profunda, associada à natureza, a qual afrouxa a rigidez que impede a fruição da nossa felicidade natural:

> *"Sintonizados com a Fonte e felizes em maturidade são os que suavizam conscientemente o que é muito rígido neles. Eles recebem sua herança natural de força e cura da dádiva de fazer parte do mundo da natureza, de estar encarnados no tempo e no espaço".**

Raízes e Ramos

Depois de *tubwyahun*, ditosa maturidade (2), a palavra-chave *makikhe*, geralmente traduzida como "manso", significa suavizar o que é muito rígido em nossa carne, coração ou *naphsha*-self. Só então estamos maduros para receber nossa herança natural (*nertun*) – não uma cota de propriedades materiais, mas força e vitalidade, os significados das raízes de *nertun* (N, AR, T). A palavra geralmente traduzida como "terra", *ar`ah*, não significa o mundo ou mesmo apenas o planeta Terra. Ela remete a toda a natureza e à nossa herança como seres no mundo natural, herdeiros das dádivas dos minerais, vegetais e animais – os seres criados antes de nós.

Mensagem para Hoje

Sim, há ocasiões em que precisamos ser firmes e resilientes para termos condições de reagir. Mas essa ocasião é agora para

* Mateus 5,5: "Bem-aventurados os mansos, porque herdarão a terra".

você? Como explicar o fato de que com frequência você se percebe contorcendo-se na autopiedade, em vez de realmente suavizar o que o impede de receber ajuda de outro self, da natureza, do mundo invisível (que alguns chamam de cura angelical) ou da própria Fonte da cura? Todos esses são absolutamente reais. A realidade está constantemente batendo à nossa porta, tocando com delicadeza no nosso ombro, perguntando, "O que poderia ser mais suave?".

Cada passo no caminho das Bem-aventuranças em Mateus é um momento que vivenciamos no tempo e no espaço, uma porta para algo tanto nessas duas dimensões quanto além delas. Talvez agora seja o seu momento de tomar consciência do terceiro passo de Yeshua: afrouxar para receber força. Ou você pode ser orientado a ler ou revisitar os dois primeiros passos (2, 21) e em seguida voltar a este. Como Yeshua enfatiza em todos os seus ensinamentos e ações, menos *naphsha* possibilita a manifestação de mais *ruha* – mais atividade iluminadora e inspiradora da alma. Isso pode revitalizar todas as dimensões da sua vida.

Contemplação

Respirando primeiro a palavra "mah-ki-ke", suavizando, volto-me para dentro de mim mesmo e sinto partes que podem ser mais suaves. No meu corpo, onde se localizam? Que emoções estão associadas a elas, e quando as senti pela primeira vez na vida? Estão prontas para ser suavizadas e liberadas, sempre?

Caso eu localize muitas impressões passadas que precisam ser liberadas, abro-me mais, mais ampla e mais profundamente desde o coração, para receber força de tudo o que está ao meu redor. Volto-me para as palavras de Yeshua inspirando "ner-tun" e expirando "ar`ah". Suspiro no final da palavra "ar`ah", um verdadeiro "ahh!"

Não sou melhor – nem pior – do que qualquer outro ser humano. Estou ligado a todos os demais seres humanos. E também sou um ser vivo, natural, temporariamente aqui como parte do mundo natural. Conforme Gênesis 1,26-27, estou destinado a governar a minha individualidade junto e entre todos os seres naturais criados antes de mim.* Esta é minha simples e humana "descrição do trabalho": a "imagem" divina incorporada em mim desde o princípio.

* Uma frase do hebraico distorcida e mal traduzida como "sede fecundos, multiplicai-vos, dominai e submetei a terra e governai [os seres criados antes de nós]". Para outras considerações sobre este tema, ver DW.

CAPÍTULO VINTE E QUATRO

OFEREÇA TUDO

Palavras-chave: malkuta, hayye, shebah

Ao ser atraído para cá, aproveite a oportunidade para dedicar e liberar tudo o que fizer hoje para a Fonte da sua vida, Alaha – a visão maior, a energia e a canção gloriosa.

Quando está maduro, o fruto cai da árvore. Às vezes, um humano ou algum outro ser se alimenta dele. Outras vezes, é absorvido pela terra, onde sua polpa fertiliza o solo e seus micro-organismos, e sua semente pode resultar numa nova árvore. Em ambos os casos, a árvore segue o fluxo para que outro ciclo de vida inicie. É por isso que Yeshua fala de uma "árvore madura" produzindo frutos maduros, referindo-se ao modo como devemos viver (Mt 7,17, ver HG). Infelizmente, essa passagem é em geral mal traduzida como "árvore boa" e "árvore má". Todavia, dado que somos seres humanos e não árvores, temos muita dificuldade de nos desapegar do fruto que produzimos (inclusive ou especialmente se for moderadamente doce). Mas imagine uma árvore que não deixasse seu fruto se desprender. A pequena onda de vida que a originou não duraria além de sua primeira manifestação.

Yeshua conclui a singela oração que oferece a seus alunos em Mateus com estas palavras:

> *"Em Ti, de Ti, vive toda visão e poder originais, a energia vital agora, mais a melodia de tudo, uma canção retornando para o coração do cosmos, era para era, mundo para mundo, tempo para tempo. Possa eu confiar neste fundamento da verdade e viver a partir daqui".**

Raízes e Ramos

"Porque teu" é *metol dilakhe*, a ti pertence ou de ti existe. Vimos "reino" (*malkuta*) antes – a visão e o poder que nos permite dizer "Eu posso" a qualquer coisa (1). "Poder" aqui é *hayla*, uma forma de *hayye*, energia vital (8). "Glória" é uma forma de *sheba*, também uma "canção" (16), palavra relacionada à que Gênesis 1 emprega para descrever Elohim "retornando" a si mesmo (com frequência traduzido como "descansou") durante o sétimo dia (*sheboth*, mais tarde "Sabbath") da criação. Os antigos viam sua vida individual como uma melodia contínua, fluindo do instrumento do "eu" por um período de tempo, oriunda de um passado pré-nascimento e retornando a uma música cósmica,

---

* Mateus 6,13: "Porque a ti pertencem o Reino e o Poder e a glória pelos séculos. Amém".

e mais além, após a morte física. "Para sempre" é o aramaico *l'ahlam almin*, literalmente, de um nível, tempo, colheita ou mundo a outro. Outros mundos, outras vidas, tudo incluído. "Amém" é *ameyn*, cujas raízes indicam confiança e fé, literalmente apoiar e defender, tão firmemente quanto acredito estar fincado na terra.

Mensagem para Hoje

Yeshua nos instiga continuamente a nos desprender, de modo particular de questões, projetos e processos que fracassaram e nos sobrecarregam. "Maturidade é tudo", diz Edgar na peça de Shakespeare (*Rei Lear*). Se nos desprendemos no momento certo, confiamos que alguém ou algo aparecerá para receber o que oferecemos, ou então o que concluímos fertilizará o desenvolvimento no futuro. Nem sempre precisamos aprender conscientemente uma lição de cada experiência. Podemos confiar que nossa alma-*ruha* aceita o que aconteceu. É a nossa alma que nos possibilita ouvir a melodia ininterrupta e sentir que fazemos parte de uma música maior, além de palavras e conceitos.

Talvez este seja o momento de tirar um período sabático e retornar, voltar-se para dentro de si mesmo, observar e soltar tudo o que está pronto para se desprender. Acredite que sua alma aparecerá para apanhá-lo e lhe propiciar a visão, a energia vital e a canção para levá-lo adiante.

Contemplação

De novo, respiro naturalmente com uma sensação suave em meu coração e em torno dele. Primeiro, surge a sensação de liberação com a oferenda de tudo o que aconteceu ou foi realizado. Essa é a parte mais importante. Para ajudar, inspiro com os sons "me-tol" (porque) e expiro com "di-lakh-hey" (pertence). Por que oferecer tudo? Porque tudo existe na Realidade maior e a Ela pertence. Apenas estamos possibilitando que nosso *naphsha* tome consciência dela.

Em seguida, prossigo expandindo para incluir toda a minha vida nesse momento. Respirando "mal-ku-tah", abro-me para a visão e o poder que me trouxeram até aqui como fruto das inúmeras experiências de vida.

Então "hay-lah", sentindo a energia vital de que preciso em todo meu ambiente. Por fim, "she-bah", a canção. Consigo sentir minha respiração e meus batimentos cardíacos como a melodia e o ritmo da minha vida? Consigo me abrir para o único som dentro de todos os sons que posso absorver neste momento? Eu me banho nesse som único e respiro enquanto meu coração se vira e regressa para a morada da sua alma.

CAPÍTULO VINTE E CINCO

BATENDO À PORTA DO CORAÇÃO

Palavras-chave: qush, eth-phetah

Ao ser atraído ou encaminhado a este dia, aproveite a oportunidade para sentir seu coração ressoante, responsivo e expandido – como um tambor em que você pode tocar um ritmo que nunca ouviu antes.

"Minha vida é muito cheia." Ouço essa afirmação com frequência, e em geral pergunto: "Isso é bom para você?" Não há espaço para o inesperado, o inimaginável, o previamente autodefinido "impossível"?

O objetivo de bater à porta é ser ouvido. Quanto mais oca é a porta, mais alto e ruidoso é o som da batida. Pense em concreto em vez de madeira – ninguém ouviria nada no interior do recinto. Jesus compara essa constatação ao processo de desejar o que não temos: primeiro precisamos nos esvaziar, preparar espaço para a "batida" e, no mesmo nível de importância, visualizar a porta se abrindo. Ele expande essas etapas dizendo:

"Abra-se como um canal para a água do seu desejo; você verá o fruto do amor.

"Deixe que seu vazio interior angustiante o esvazie realmente, abrindo espaço para o fogo da realização.

*"Bata e esvazie seu self, abandone esperanças e medos. Depois da contração, a expansão; depois de fechar, abrir".**

Raízes e Ramos

Todos os significados de "pedir", "buscar" e "bater" em aramaico (*shelu*, *be'uh*, *qush*) giram em torno da limpeza do nosso coração ou do esvaziamento do nosso self. Todas as palavras para "dar", "achar" e "abrir" em aramaico (formas de *yahb*, *shkach*, *phetah*) se relacionam com a transformação desse vazio, da falta de expectativa e da ressonância oca em fruto, fogo e música do amor (para outras reflexões sobre este dito, ver DW.)

Mensagem para Hoje

Em termos abstratos, é fácil apreender o conceito, mas só é possível transformá-lo em prática realizando algum trabalho em nosso coração, arrancando as ervas daninhas e limpando o espaço (15). Ou talvez precisemos esvaziar as mãos para que

---

* Mateus 7,7: "Pedi e vos será dado; buscai e achareis; batei e vos será aberto".

recebam algo novo (20). Ou ainda, afrouxar a rigidez em nosso coração que nos impede de ressoar com alguma música inesperada da vida (23). Yeshua nos oferece diferentes imagens em seus ensinamentos. Elas giram em torno do cultivo do coração como terra viva onde se planta o self. Se o clima for favorável e ela receber os nutrientes apropriados, de baixo e de cima, dos mundos visíveis e invisíveis, então dará frutos, flores e mais vida.

Talvez a vida o esteja chamando para criar espaço interior para que visões inesperadas do coração, aparentemente impossíveis, se realizem. Isso exige uma disposição consistente de ignorar as mensagens inúteis da voz do nosso *naphsha* que frequentemente nos lembra o que aconteceu no passado, em especial o que deu errado.

Contemplação

Solto minhas tensões e respiro com um sentimento de amor e gratidão em meu coração e em torno dele. Estou aqui, presente. A face da minha alma, a verdadeira amada do coração, está sempre pronta para me receber. Então, acrescento a palavra "qush" (bater, oco) ao inalar e "eth-phetah" (abrir-se) ao exalar. Reduzo o ritmo da minha respiração até suavizá-la. Tomo consciência da palavra mais leve ou mais fácil de respirar: bater ou abrir? Então mantenho esse ritmo pelo tempo que for possível.

Às vezes me sinto feliz em continuar pedindo, mas descubro que não quero realmente receber. Ou o contrário. Então, começo a respirar com a impressão de bater à porta e a porta se abrir. Creio que isso pode revelar muita coisa sobre o modo como vivo minha vida no momento. Sendo oco enquanto bato, espero que se abra. "Se você não interromper esses movimentos naturais agarrando-se ao passado ou antecipando o futuro", diz minha alma, "esse é o modo como a vida encarnada funciona. Quando você bate à porta do seu coração, ela se abre facilmente, e você pode encontrar a face do desejo satisfeito."

CAPÍTULO VINTE E SEIS

SOLTANDO

Palavras-chave: shbuqlan khtahayn

Ao ser atraído a este dia, aproveite a oportunidade para desvencilhar-se de eventos, situações e relacionamentos passados que o impedem de sentir a alegria do seu coração. Ao mesmo tempo, afaste-se de pessoas demasiadamente dependentes de você, seja por necessitarem de elogios, seja por nutrirem sentimentos de culpa.

Dívidas, pagamentos e remissão de dívidas tornaram-se problemas graves nas economias do mundo ocidental. Quem realmente deve o quê a quem por promessas passadas ou pela quebra da palavra dada? Alguns efeitos negativos (como colonialismo ou poluição) empobreceram culturas inteiras por séculos. É enorme a necessidade de desembaraçar toda essa confusão e desordem. Perdoar dívidas era um grande problema também na época de Yeshua. Praticamente todos os seus ouvintes eram considerados devedores pela diminuta elite abastada que, em conluio com o Império Romano, dominava a região. Os antigos nômades, por outro lado, praticavam o perdão periódico de todas as dívidas com o objetivo de manter as comunidades apaziguadas. Vemos isso na celebração do "ano do jubileu" mencionado na Torá.

Podemos ver o mesmo processo refletido em nível pessoal. Nós nos apegamos ao capital ou a dívidas emocionais baseados em nossas relações passadas com certas pessoas ou em decorrência de eventos transcorridos. A partir do ponto em que me encontro, qual é a única área em que tenho alguma escolha real, onde posso soltar algumas dessas amarras, nós e embaraços que restringem a liberdade do meu coração de se unir à minha alma? Na versão de Lucas da Oração de Yeshua, encontramos:

> *"Desata os nós que constrangem meu coração tornando-o rígido, incapaz de voltar ao seu estado de fluxo original. Quando solto a minha ponta da corda, a outra também se solta".**

Raízes e Ramos

"Perdoar" aqui é *shbuqlan*, uma forma de *shubqana* (18), soltar ou voltar ao seu estado original (a raiz ShB) algo que se tornou fixo, rígido ou mantido de forma não natural (-UQ). "Pecados", uma forma de *khtahayn* baseada em uma raiz que remete ao processo de costurar, tecer e remendar – significando aqui os

* Lucas 11,4: "Perdoa-nos os nossos pecados, pois também nós perdoamos aos nossos devedores".

fios emaranhados em um relacionamento. A versão de Mateus adota uma palavra diferente para essa oração, aludindo a transpassar, atravessar ou roubar. Ambas as versões empregam a palavra aramaica *aykana* (normalmente traduzida como "pois", "assim como" ou "do mesmo modo"), significando que, para nossa alma, soltar e ser solto acontecem ao mesmo tempo, sem implicar condições. Do mesmo modo que eu solto, também sou solto, e vice-versa.

Mensagem para Hoje

Soltar e ser solto ocorrem simultaneamente, mas os resultados nem sempre aparecem no mesmo momento, considerando o modo como medimos o tempo e o espaço – em dias, horas ou segundos. Os povos antigos sabiam disso. Assim, a vida nômade era um processo contínuo de depuração de relacionamentos e descoberta de quais promessas (uma forma de dívida) poderiam e deveriam ser cumpridas para que um coração retornasse ao seu estado de sossego.

O ato de soltar pode ocorrer ao longo do tempo ou instantaneamente. Se antes nos unirmos à nossa alma-*ruha*, poderemos extrair dela todo amor, vida e luz que já são nossos, neste momento, desde que lhes deixemos espaço livre. Então, esse fogo de amor consome todas as cordas e nós desgastados. Até que ponto *queremos* que isso aconteça? Alguns liames tornam as pessoas dependentes, mas de uma maneira doentia. Queremos ou precisamos dessa dependência para sustentar nosso senso apequenado de self pessoal, ou seja, nosso *naphsha*?

Podemos ser reconhecidos de uma maneira mais madura à medida que a nossa alma se abre para novas perspectivas do que a vida pode ser para nós sem esses laços?

Talvez seja hora de fazer uma faxina em seu espaço interior e organizá-lo um pouco melhor. A sua vida terá se tornado tão caótica com promessas emocionais passadas, dívidas, créditos e balanços, a tal ponto que toda essa contabilidade chega a consumir todo o tempo de que você dispõe para viver com alegria, realmente livre, em sintonia com o coração? Se a resposta for afirmativa, dedique um pouco de tempo à contemplação a seguir.

Contemplação

Respiro novamente com uma sensação de tranquilidade dentro do meu coração e em torno dele, abrindo-me para meu direito inato de amor e alegria. Em seguida, incluo a palavra "shbuq-lahn" (soltar) na inspiração e "kha-ta--hayn" (embaraços) na expiração.

Se eu sentir um aperto no coração, suavizo essa sensação tornando-me mais receptivo ao amor – acima, ao redor e abaixo de mim. Permaneço no meio de uma fogueira de amor e sinto todos os grilhões do passado queimar. Então, todas as cordas que prendem meu coração estão se soltando neste momento.

CAPÍTULO VINTE E SETE

AFASTOU-SE? REAPROXIME-SE!

Palavras-chave: nesyuna, dakhra

Ao ser dirigido para cá, aceite a oportunidade de dar mais atenção ao desejo do seu coração no momento em que tiver de fazer uma escolha ou tomar uma decisão hoje.

Mindfulness [atenção plena] e *heartfulness* [compaixão, sinceridade. Ambas também são modalidades de meditação.] são palavras que entraram com grande proveito em nosso vocabulário. Movidos pela caridade, podemos dizer que se tornaram comuns porque as últimas gerações das chamadas pessoas modernas estão, em sua maioria, afastadas – no mínimo, de suas emoções e, no máximo, do porquê estão realmente fazendo alguma coisa. Mesmo quando achamos que não temos escolha, ainda podemos optar por manter nosso coração aberto para nossa alma e dela extrair a luz e a vida que podem esclarecer como perseverar ou então mudar de curso. Na Oração de Yeshua, uma das petições mais incompreendidas é:

*"E não nos deixes entrar no esquecimento, mas livra-nos da imaturidade".**

Raízes e Ramos

Como escrevi durante mais de quarenta anos, as palavras aramaicas *la tahlan* significam "não nos deixes entrar" em vez de "não nos conduzas". A própria versão grega, *mē eisenegkēs*, pode significar "não nos deixes cair ou entrar". "Tentação" é *nesyuna*, que significa literalmente esquecimento. O oposto, lembrar, é *dakhra*. Essas palavras remetem a um esquecimento e lembrança do tempo limitado que temos na carne, bem como da nossa origem antes do nascimento e do nosso destino após a morte física. "Livra-nos" é *patsan*, derivado de um verbo que significa "libertar, liberar ou quebrar uma restrição". Alguns dias atrás, vimos o aramaico para "mal", *bisha*, que significa imaturidade (17).

Mensagem para Hoje

Esquecer a dádiva de um tempo de vida limitado e não estar no momento, em sintonia com o instante propício e a orientação da nossa alma, são dois dos vírus mental-emocionais do nosso tempo. Yeshua previu essa tendência humana, então essas petições da sua Oração, mais do que produtos de uma teologia antiquada, na verdade apontam para o maior desafio enfrentado pela humanidade atualmente. Conseguimos nos lembrar e

* Mateus 6,13: "E não nos exponhas à tentação, mas livra-nos do mal".

agir de maneira madura, para benefício da grande comunidade humana e da comunidade ainda maior da natureza da qual nosso corpo substancialmente depende?

A mudança não começa com grandes movimentos sociais, mas com a nossa própria vida e a disposição de nos aproximar, em vez de nos afastar com tanta frequência. Ao mesmo tempo, precisamos nos precaver contra a mera aceitação da ideia abstrata da palavra de Yeshua sem realmente praticá-la e entender que o esquecimento também faz parte da "descrição do trabalho" humano. Se não tivéssemos a liberdade da alma para esquecer, não seríamos capazes de *escolher* lembrar no nível em que Yeshua fala. A vida exterior material é muito cooperativa. Ela nos proverá o amor, a alegria e a felicidade que nossa *ruha*-alma sente, ou o contrário, o que o nosso demasiadamente esquecido *naphsha* espera.

Talvez seja hora de nos reaproximar, de esperar um resultado diferente. Como a maioria dos procedimentos de Yeshua, esse começa com a abertura do nosso coração para a fonte ilimitada de amor da nossa alma que nos liberta para fazer escolhas que não se baseiam em arrependimentos passados ou medos futuros, no que é principalmente *bisha* em nossa vida pessoal ou cultural. Sim, *bisha* ainda vai estar por perto, de modo que julgar os outros pelo critério dos nossos padrões fixos pode ser apenas outra via para o esquecimento.

Contemplação

Começo concentrando-me nas duas primeiras palavras-chave do dito de Yeshua. Sentindo meu coração, inspiro e expiro o aramaico "nes-yu-nah", esquecimento, distração. Abro meu coração ainda mais para aceitar que esse esquecimento, assim como meu self pessoal, faz parte da condição humana.

Então, depois de alguns minutos, passo a usar a palavra "da-khra", lembrar, ao expirar. Deixo que meu coração sinta antes a primeira palavra, depois a segunda. Aos poucos, sinto meu coração levando ambas ao equilíbrio e à quietude. Nesse ponto de equilíbrio, escolho conscientemente a opção "lembrar", respirando apenas "da-khra". Um volume maior de ar fresco da fonte da vida e da respiração, *ruha*, entra pela janela do meu coração.

As palavras se dissipam aos poucos e eu começo a sentir a minha respiração como oração, prática, afirmação. Posso fazer um acordo com meu *naphsha* que quando eu precisar me reaproximar, depois de me afastar por um momento, as palavras chegarão ao meu coração para me reconduzir instantaneamente ao equilíbrio.

CAPÍTULO VINTE E OITO

PERDENDO-SE E ENCONTRANDO-SE

Palavras-chave: shkach, abad

Chegando a este dia, aproveite a oportunidade para se desobrigar momentaneamente de alguns compromissos com rotinas e projetos externos e assim ter condições de repousar mais profundamente na presença da sua alma.

Nosso *naphsha*-self pode se sentir demasiadamente envolvido com as obrigações e responsabilidades da vida. Assim deve ser. Nós, seres humanos, só poderíamos ter um self individual que tivesse o propósito de seguir a liberdade do nosso coração – escolher o amor e a vida, não o contrário. Às vezes, contudo, atentos apenas ao exterior, podemos perder de vista as razões por que fazemos o que fazemos. Essa exterioridade pode incluir atividades, projetos, relacionamentos, mas também ideias abstratas, filosofias de vida e busca espiritual. Buscamos apenas por buscar? Se a resposta for afirmativa, tudo o que iremos encontrar é a face do nosso self pessoal refletida de volta para nós. Yeshua se expressa deste modo:

> *"Quem se fecha totalmente no pequeno self-naphsha encontrará apenas restrições e mortalhas cobrindo sua ruha-alma. No entanto, quem considera o pequeno self como uma parte do todo, como uma partícula na onda de amor da Realidade, encontrará o repouso mais profundo que está procurando. Esse é o modo de seguir o meu caminho".**

Raízes e Ramos

Expandindo as principais palavras aramaicas desse dito: "Achar" é uma forma de *shkach*, envolver, encobrir, cercar, restringir ou encontrar repouso (25). "Perder" é uma forma de *abad*: uma progressão, um desenvolvimento gradual (presente na raiz semítica A) da percepção de se sentir particular, apenas uma partícula, um indivíduo (BD), até por fim chegar a uma sensação de isolamento. "Self" é *naphsha*, o sopro e self individuais que já vimos muitas vezes. "Por causa de mim", *metol* aqui significa por seguir o meu caminho ou exemplo.

Mensagem para Hoje

A questão se resume a esta pergunta: "O que estamos realmente procurando na vida?". Se for apenas a confirmação de

---

* Mateus 10,39: "Aquele que acha a sua vida, vai perdê-la, mas quem perde a sua vida por causa de mim, vai achá-la".

que nosso pequeno self tem algum valor ou vale alguma coisa, então a melhor maneira de alcançar esse objetivo é "encontrar" nosso self como parte de um todo maior, diz Yeshua. Esse todo maior é o incessante e ininterrupto sopro da alma, *ruha*. Ele me possibilita encontrar felicidade, amor, alegria e tudo o mais que estou procurando, seja interior ou exteriormente. Isso não significa ignorar a vida cotidiana ou considerá-la sem valor. Significa que tudo o que preciso fazer eu o faço de todo coração, um coração que está aberto a "ambos os lados agora" – *naphsha* e *ruha*. No Evangelho de Tomé, Yeshua faz um comentário paralelo sobre o que precede, dizendo:

> *"Quem chegou a conhecer realmente o mundo exterior, composto apenas dos níveis de tempo e espaço, encontrou um cadáver. E quem tropeçou nesse cadáver, dele não é digno tal mundo". (Tomé 56, 1-2)*

Não queremos passar a vida tropeçando em nossas lembranças passadas, autoimagens, promessas obsoletas ou hábitos que não nos servem mais. Então nos envolvemos e enervamos tanto, que a vida parece perder seu vigor e sua dignidade de ser vivida. Encontre a presença e o repouso do self nas profundezas do seu coração, o vínculo com a alma, diz Yeshua. Pratique esse encontro regularmente. Então, seja o que for que faça na vida, essa presença interior "encontrada" (mais tarde chamada *Shekhina* na tradição cabalística) será sua.

Talvez a vida esteja lhe pedindo que reavalie meticulosamente todos os aspectos que o restringem neste momento.

Quantos deles dizem realmente respeito ao seu coração e à sua alma? Até que ponto você está apenas agindo mecanicamente porque criou esse hábito e tem medo de decepcionar outras pessoas? É melhor perder parte disso (ou tudo) para encontrar a alegria do que é real agora.

Contemplação

Começo novamente inspirando natural e suavemente no coração e em torno dele. Primeiro entro em sintonia com minha fonte de amor, vida e luz, *ruha*. Ela está em cima, embaixo e ao meu redor. Acredito que ela está aí. Então, sinto alguma coisa pesando ou encobrindo meu coração, impedindo a entrada de mais amor e vida.

Peço à minha alma que me ajude a liberar na luz tudo o que é desnecessário, sem julgamentos. Expirando "ab-ahd", perco tudo de que não preciso. A mortalha que envolve meu coração se desprende, deixando que suas partes moribundas revivam. Inspirando "sh-kahch", encontro um repouso mais profundo no que precedeu meu pequeno self: minha alma. Um pequeno self revivido, vivo e vivificante começa a brotar dessa nova terra.

CAPÍTULO VINTE E NOVE

MÁ REPUTAÇÃO OU PERFIL ADMIRÁVEL

Palavras-chave: b'neynasha, pherash, shaphira

Ao ser atraído a este dia, sinta seu coração livre, sejam quais forem as opiniões de outras pessoas a seu respeito.

Para os contemporâneos de Yeshua, era muito difícil imaginar que alguém pudesse se preocupar com o que uma pessoa do outro lado do mundo pensasse dele, positiva ou negativamente. Naqueles tempos, tudo que envolvesse reputação surgia dentro de uma família, de uma comunidade relativamente próxima ou dos círculos religioso e político. Hoje vemos como a comunicação difundida em todo o mundo pode ter vantagens e desvantagens. Ela nos põe em contato com um número muito maior de pessoas com quem podemos formar uma comunidade mais extensa, mas também traz consigo todas as características prejudiciais e basicamente ilusórias da maioria das comunidades humanas contemporâneas – nacionalismo, racismo, sexismo, para citar algumas.

Yeshua admitia que é muito fácil ver o outro no espelho embaçado do nosso próprio coração, o modo como Ele se expressa sobre o que hoje denominamos "projeção". Do mesmo modo, é igualmente fácil ser seduzido pelo fulgor que envolve nosso pequeno self quando projetamos uma imagem falsa com a intenção de impressionar os outros. Atitude humana elementar. Yeshua aborda parte dessa questão nas Bem-aventuranças em Lucas, em que reformula para seus ouvintes uma situação de reputação desfavorável e outra de reputação admirável:

"Pode ser um amadurecer bendito, a coisa certa a fazer, descobrir o seu verdadeiro propósito [...].

Quando seu bom nome é jogado ao vento, preterido, espalhado por todo lado como se fosse perda de tempo mencioná-lo [...].

Tudo porque alguém (ou alguma parte de você) não vê com clareza o "você" que tenta manifestar sua imagem divina, viver de acordo com seu propósito verdadeiro.

Do mesmo modo, você pode ser impedido de viver um tempo abençoado com sua alma quando as pessoas mencionam apenas coisas leves, coloridas e agradáveis sobre você [...].

Quando elas veem apenas o lado externo do vidro e refletem sua superfície [...].

*Quando não há ninguém próximo que tenha alguma ideia de como dizer a verdade".**

Raízes e Ramos

Tudo isso, diz Yeshua, acontece "dentro, antes e diante da nossa humanidade temporária", *b'neynasha* (sem tradução na KJV). Sentimos essas coisas porque vivemos vidas individuais com oportunidades únicas de receber a sustentação maior da nossa alma, *ruha*. Ele destaca esse aspecto quando diz "por causa do Filho do Homem", *helaph bar d'nasha*, literalmente porque somos filhos da humanidade. (*Bar d'nasha* não é um título ou tratamento honorífico em aramaico; ver RAJ.) "Separar" é o aramaico *pherash*, dispersar ou caçar, e também não ouvir bem alguém. "Bem", em "dizer bem", é uma forma de *shaphira*, algo brilhante e fulgurante na superfície. (Ver RAJ para outras reflexões sobre esse aspecto.)

Mensagem para Hoje

É provável que nunca antes na história humana a nossa consciência tenha se sentido tão isolada e separada, além de tão emaranhada com as opiniões de outros que possivelmente nunca

---

* Lucas 6,22.26: "Bem-aventurados sereis quando os homens vos odiarem, vos rejeitarem, insultarem e proscreverem vosso nome como infame, por causa do Filho do Homem. ... Ai de vós quando todos vos bendisserem (disserem bem), pois do mesmo modo seus pais tratavam os falsos profetas".

conheceremos. Entrar em contato com um "self verdadeiro", a nossa alma, torna-se cada vez mais difícil. Nossa tendência humana individual de acreditar em nossa própria publicidade nunca foi maior. Como diz Yeshua, a bajulação das pessoas pode nos tornar tão esmaecidos, que não conseguimos mais nos olhar honestamente no espelho do nosso coração e encontrar um reflexo verdadeiro.

Talvez este seja um momento oportuno para deixar de lado todas as autoimagens, as negativas e as positivas, pelo menos agora, e nos banhar na luz e no amor do abraço da nossa alma. Podemos participar conscientemente de algum jogo por fazermos parte do jogo da vida, mas ainda precisamos manter-nos alerta à voz da nossa alma. O Evangelho de João relata que Jesus não expôs seu *naphsha* à opinião dos outros porque sabia que essas opiniões podiam mudar rapidamente e que as pessoas logo se esqueceriam (João 2,24, RAJ).

Contemplação

Com uma respiração natural e suave no coração, eu me disponho a receber e absorver todo amor e vida que minha alma está esperando para me enviar. Respirando a palavra "b-ney-nah-sha", sinto ao mesmo tempo a profundidade do meu self humano esperando para receber todos esses presentes.

Inspirando "pher-ash" e expirando "shaphira", percebo o turbilhão de opiniões deturpadas das pessoas sendo soprado para longe.

Posso viver feliz e maduro – acima, além, abaixo e mesmo no meio das projeções dos outros – e de mim mesmo.

CAPÍTULO TRINTA

VISÃO DESLUMBRANTE DO SOL

Palavras-chave: ayna, peshiyta, nuhra

Ao ser encaminhado ou atraído a este dia, aproveite a oportunidade para deixar que do seu olho interior escorram visões, sons e lembranças do passado e para sentir uma nova fonte de energia vital jorrando. Não é só o agora que existe?

Muito se escreveu (e difundiu) na última década, e antes até, sobre "estar no agora", a tal ponto que essa expressão se tornou clichê e alcançou níveis de pensamento abstrato muito mais do que uma prática inserida na vida. Yeshua oferece uma meditação profunda, concreta, sobre essa verdade:

"O olho é a lâmpada que ilumina sua carne (pois, se não, esta seria apenas um cadáver), dando-lhe condições de ver o que há dentro e em torno de você. O olho é também uma fonte que recebe e distribui energia vital. Quando essa

*fonte está desbloqueada e o olho, livre, seu cadáver é apenas luz, todo percepção, consciência pura".**

Raízes e Ramos

A primeira palavra desse versículo de Mateus, traduzida como "luz" na KJV, é na verdade um recipiente para a luz, uma lâmpada, *shraga* – um invólucro que permite que a luz da orientação e da direção correta para o momento (ShR) aumente ou se expanda (GA). A palavra aramaica para luz no fim do dito é *nuhra*, que também significa "saber", "perceber" e "consciência" (8). A palavra traduzida como "corpo" é um aspecto de *pegra*, cadáver, uma forma sem sopro vital ou sem a luz da consciência (17). "Olho" é *ayna*, também "nascente" ou "fonte", não apenas o olho físico. O olho (no singular) aqui representa todos os sentidos, pois estes nos ajudam a conceber e perceber elementos materiais ou ideias no tempo e no espaço.

Mensagem para Hoje

Se o nosso corpo é realmente veículo para a luz da consciência, quem é de fato o observador? A física quântica desenvolveu o conceito de um campo de "indeterminação" em que partículas entram temporariamente em colapso no tempo e no espaço quando ou se alguém estiver presente para observar o que se

---

* Mateus 6,22: "A luz do corpo é o olho. Portanto, se o teu olho estiver são, todo o teu corpo será pleno de luz".

manifesta. Mas quem observa todos nós que observamos? Quem é o agente último? Esta pergunta tem ocupado os seres humanos durante milênios. Mas ela pode ser respondida com palavras ou conceitos que não sejam apenas mais entulho (embora mental)? Yeshua nos redireciona à nossa própria experiência e nos convida a desembaçar nosso "olho", deixando-o limpo e livre de lembranças do passado, sejam elas visuais, mentais ou emocionais. Nossos sentidos podem receber, mas também irradiar luz. Usamos a primeira capacidade, mas não a segunda? Yeshua nos convida continuamente a viver a experiência da Fonte da vida e da possibilidade que se manifesta a cada momento por meio da nossa consciência, em vez de confundir nossas percepções externas com a realidade única. Conseguimos ver a luz em toda a natureza?

Talvez a vida esteja lhe dizendo agora para abandonar suas lembranças do passado e suas ideias de tudo que parece limitar você, sua família ou sua comunidade. Você pode considerar todos esses "véus nos olhos" como temporários e desnecessários para ver e sentir claramente agora. Tudo pode começar com uma contemplação tão simples quanto a que segue.

Contemplação

Começo usando palavras aramaicas respiradas no coração e em torno dele. (E, sim, essas também são mais "parafernália", mas, como uma erva natural, a substância se dissolverá em experiência pura, não deixando resíduos nocivos.)

Respirando "shra-gah", sinto minha carne como um recipiente que deixa a luz da consciência brilhar através de mim, revelando um mundo compartilhado com outros seres humanos, bem como – e isso é importante – especial para mim. Um mundo recriado.

Sinto os meus olhos e a minha visão, inclusive a interior. Inspiro "ay-nah" (olho, sentidos) e expiro "pesh-i-tah" (livre de bagagem, ausência de nuvens). Ao expirar, libero, respiração após respiração, a certeza de que o que vi, senti e percebi no passado não foi mais do que um pontinho, uma gota evaporando no fluxo do tempo. (Esta é uma contemplação intensa, mas se a vida o trouxe a este dia, talvez seja o momento de realizar essa liberação profunda.) Continuo do mesmo modo com os outros sentidos.

Em seguida (ou em outro momento), respiro a palavra "nuh-rah" – luz, conhecimento, experiência. Esta luz límpida, translúcida, não é outra coisa senão o fluxo de vida e amor que criou o cosmos, como também a mim e à minha percepção dele. Sinto o ponto de encontro de todos os meus sentidos, onde a luz também aparece. O sol emerge, libertando-me. Eu libero todas as palavras e simplesmente brilho.

CAPÍTULO TRINTA E UM

CHAMADO A DESPERTAR: VAZIO, CHEIO

Palavras-chave: hasha, khaphna, sab`a

Ao ser atraído para cá, conscientize-se hoje de alguma tendência a se sentir vazio ou cheio. Seria possível esses dois estados fluírem livremente por você?

Uma das coisas aparentemente mais discrepantes da vida moderna é a nossa tendência a nos apegar às coisas por muito tempo ou então descartá-las com demasiada facilidade. Por exemplo, a economia ocidental é movida pela necessidade de desenvolver e consumir constantemente mais produtos, o que resulta em grande aumento de desperdício. Uma economia que não cresce é considerada doente. Não poderíamos imaginar crescimento e declínio, ou consumo e conservação, como polaridades unidas por um ponto de equilíbrio entre os dois extremos?

Yeshua promove uma mudança de direção primeiramente em nossa própria "economia" interior, adotando como critério as condições de vazio e cheio. Nas Bem-aventuranças em Lucas, ele nos adverte seriamente a despertar tanto para os momentos limitados que temos na carne quanto para o fato de que, no tempo e no espaço, uma situação sucede naturalmente a outra. Seus dois ditos a seguir têm o objetivo de nos reconduzir ao equilíbrio:

> *"Amadurecendo em bênçãos agora estão vocês que se sentem vazios, mas ainda assim cheios ... Advertências agora àqueles de vocês que se apegam à sensação de estar cheios; na verdade, vocês estão sempre se sentindo vazios".**

Raízes e Ramos

A palavra-chave em aramaico aqui é *hasha*, que significa não apenas "agora", mas diz ao público de Yeshua: "Acordem agora, neste momento!". Aqui ele se dirige àqueles que conhecem a fome verdadeira (*khaphneyn*) e ao mesmo tempo são capazes de se sentir cheios (*saba*) em virtude de um vínculo com sua *ruha*-alma por meio do coração (12). Vimos uma forma diferente da segunda palavra na quarta linha da Oração de Yeshua (7). Ao chegar à expressão "ai de", Yeshua faz uma "advertência", *wai* em aramaico, para aqueles que se apegam à condição de cheio (uma forma diferente de *saba*). Essa obsessão revela que estão sempre se sentindo vazios (uma forma diferente de

---

* Lucas 6,21.25: "Bem-aventurados vós que agora tendes fome, porque sereis saciados ... Ai de vós que agora estais saciados, porque tereis fome".

khaphneyn). O que não está claro na tradução habitual é que tudo isso pode estar acontecendo em qualquer momento específico, *hasha*, não em um modo se... então, ou tempo futuro do presente de ver a vida (ver também RAJ).

Mensagem para Hoje

A possibilidade de nos sentirmos cheios ou vazios, famintos ou saciados, sempre existe ao mesmo tempo. Circunstâncias pessoais externas podem mudar rapidamente. Se ficamos no meio, nosso *leba*-coração pode aceitar os dois lados da gangorra. Em nível comunitário, vemos que se um grupo se considera sempre cheio, a consequência é a imposição de um estado de vazio externo a outro grupo. Esse é um sinal de advertência – *wai* – um aviso de que algo está totalmente desequilibrado, diz Yeshua. Não há mais um coração coletivo. Compreensivelmente, autoridades político-religiosas do seu tempo consideraram este ensinamento muito perturbador.

Talvez a vida esteja nos dizendo para simplesmente permanecermos em um momento *hasha*, despertar para nossa tendência a nos firmar na plenitude ou no vazio, inclusive mantendo-nos muito ocupados ou então pouco envolvidos na vida. Seja qual for a imaturidade presente à nossa volta, Yeshua nos aconselha a primeiro emitir um sinal de alerta à respiração para nosso *naphsha* antes de empreendermos o que nossa *ruha* nos mostra que podemos fazer sobre a injustiça externa.

Contemplação

Primeiro, respiro a palavra "hah-shah" suave e naturalmente no meu coração e em torno dele. Em seguida, abro mais meu coração, além da minha condição pessoal, para a fonte de amor e luz que flui da minha alma e me envolve. Consigo sentir que estou em *ruha*, e não *ruha* em mim? E que essa alma é muito maior? Ela tem o potencial para tudo de que preciso na vida se consigo entender a matéria e o pensamento como manifestações importantes, embora passageiras.

Da perspectiva da alma, reúno as várias "vozes" do meu *naphsha*, como que em torno de uma mesa comum. Respiro a palavra "kahf-neyn", fome, e percebo que parte do meu self pessoal responde. Estou sempre faminto de mais experiências, mais projetos, mais, mais? Depois de algum tempo, introduzo a palavra "sah-bah" e novamente me dou conta da minha tendência a querer permanecer cheio. Continuo a aceitar o self do ponto de vista mais amplo do coração e da alma. Mantendo as palavras e os sentimentos juntos, primeiro a expiração ("kahf-neyn") e depois a inspiração ("sah-bah"), provo o alimento que minha alma está me oferecendo agora, *hasha*.

CAPÍTULO TRINTA E DOIS

ALEGRE-SE, SINTA-SE LIVRE: DEIXE SEU CORAÇÃO ESCOLHER HOJE

Palavras-chave: hadaw, rwaz, agarah

Ao ser encaminhado para cá, aceite a oportunidade de deixar que seu coração, a porta para sua alma, faça todas as escolhas de hoje a partir do seu âmago. O dia inteiro está livre.

Atualmente, a maioria das pessoas valoriza a liberdade humana individual como o maior dos bens. Mas que tipo de liberdade é essa de fato? Uma liberdade de fazer as escolhas limitadas oferecidas por uma visão da realidade baseada apenas em coisas materiais e conceitos passados? Ou que nos leva a ver nosso self individual, o *naphsha*, como o bem maior? Mesmo do ponto de vista do humanismo cientificista, essa perspectiva criou uma epidemia de infelicidade e depressão, além da exploração temerária e destruição da natureza. Não há uma opção para viver a vida aqui e agora, em toda parte o tempo todo, e assim em nosso *naphsha* e *ruha*?

Yeshua mostra que sermos mal compreendidos, alvos de projeções e desalojados da nossa zona de conforto são consequências – no tempo e no espaço – de atendermos à voz interior da nossa alma (29, 35). Então ele nos incentiva:

"A partir de agora, sinta alegria e orientação, a abundância do 'que é suficiente'.

*Torne-se o broto principal de uma nova planta do desenvolvimento da Realidade, espalhando-se para unir a vida da sua alma ao poder presente em todas as almas que viajam na caravana profética adiante e atrás de você".**

Raízes e Ramos

"Alegrai-vos" é a palavra-chave *hadaw*, de uma raiz que remete à alegria que a pessoa sente quando segue a voz da orientação da alma, não se perdendo em todas as escolhas possíveis que se apresentam ao self por meio dos pensamentos que entulham a superfície do coração (17). Essa palavra também implica que, embora pareça haver limitação externa em seguir *ruha* a todo momento, essa limitação leva a uma maior sensação de liberdade interna e externa. Da perspectiva da alma, só há uma escolha em cada momento, e é por isso que nos tornamos livres. Do

---

* Mateus 5,12: "Alegrai-vos e regozijai-vos, porque será grande a vossa recompensa nos céus, pois foi assim que perseguiram os profetas que vieram antes de vós".

mesmo modo, "regozijai-vos" é uma forma de *rwaz*, que na verdade significa tornar-se fino, afinar-se, eliminar partes da nossa autoimagem, mantida pelo *naphsha*, que nos impede de ouvir essa voz orientadora. Esses véus aparecem especialmente como lembranças e histórias relacionadas ao nosso passado. "Recompensa" é uma forma da palavra *agarah*: a imagem de uma grande árvore ou planta que se desenvolve e expande a partir de uma raiz central. Essa raiz é a nossa alma, *ruha*. Yeshua usa a imagem paralela da "videira e dos ramos" em João 15,5 (ver RAJ).

Mensagem para Hoje

E se pudéssemos realmente compreender que, em relação à fonte última de felicidade, apegar-nos a menos exteriormente – menos bugigangas, físicas, mentais e emocionais – nos dá condições de viajar mais leves na caravana da vida? Como Yeshua menciona, a vida coopera sempre que mudanças em nossas circunstâncias externas nos alertam sobre a necessidade de nos livrarmos de parte da bagagem do nosso *naphsha*. Livrar-se dessa bagagem é a *razão* que leva muitas pessoas a programar retiros pessoais (ver apêndices).

Quase quarenta e cinco anos atrás, após conseguir uma versão da Oração do Senhor em aramaico, recolhi-me em um retiro pessoal. Depois da preparação, de longo silêncio e de muitos dias de concentração, comecei a entoar as primeiras palavras da oração em uma nota só. Percebi que meu corpo começava a balançar e se mover por conta própria, e eu ouvia melodias que continuavam enquanto eu cantava os quatro primeiros versos. Então, recebi uma mensagem dizendo que essa experiência devia ser compartilhada. Na volta para casa, assombrava-me a tentação de esquecer tudo, mas meu coração me dizia que eu precisava pelo menos tentar. Algumas pessoas interessadas nessa língua estranha começaram a participar de reuniões comigo. Cinco anos depois, conheci o doutor Matthew Fox, que me contratou para seu instituto universitário na Califórnia, onde comecei a ensinar a oração, seus cantos e movimentos para os alunos. Ele me ajudou a publicar meu primeiro livro alguns anos depois.

Contemplação

Inspirando e expirando "hah-daw", concentro-me novamente no coração. Consigo me abrir para a fonte de amor, vida e luz – acima, abaixo e ao meu redor? Consigo sentir meu vínculo com essa fonte que está acima de mim e que, com amor e energia vital, flui para o meu corpo, impregnando-o por inteiro, e dele continua até o centro da terra? Orientação e alegria também estão presentes.

Meu coração é o ponto de equilíbrio entre estar expandido no mundo invisível e estar totalmente em contato com a terra neste visível. Consigo me sentir enraizado na força ilimitada da alma que inclui ambos os mundos, capaz de sentir alegria neste exato momento? Em caso afirmativo, estou pronto a ouvir a resposta à pergunta: O que devo realmente fazer a seguir?

CAPÍTULO TRINTA E TRÊS

CIDADE RESPLANDECENTE SOBRE UMA MONTANHA DE FOGO

Palavras-chave: enuwn, nuhre d'alma

Ao ser atraído a este dia, aproveite a oportunidade para mudar seu ponto de partida – de ser um self limitado em um corpo para uma consciência ilimitada, servindo-se de uma carne ainda aproveitável por algum tempo.

Se a respiração que fazemos neste momento fluir da sensação que a precede, ela pode mudar toda a nossa experiência de vida. Parece fácil, mas como sentir essa alma "ilimitada" que Yeshua chama *ruha*? Se entrarmos em sintonia com o canal que conduz ao amor, à luz ou à energia vital ao nosso redor, estaremos na metade do caminho. Podemos também nos sintonizar com os nossos sentidos – visão, olfato, tato, paladar, audição – e então redescobrir, no ponto de encontro, uma surpresa: uma porta que, através do Sentido Sagrado (Sabedoria Sagrada), se abre para nossa alma.

No Sermão da Montanha, Yeshua emprega várias metáforas para nos indicar a direção certa. Entre elas:

*"Você está se Tornando ela mesma – luz e percepção dirigindo-se para, através e desde todos os mundos ao seu redor. Sua consciência é como uma comunidade que dá e recebe, uma cidade situada sobre uma montanha de fogo que não pode ser escondida, encolhida ou ofuscada".**

Raízes e Ramos

As palavras traduzidas como "vós sois" (em geral desconsideradas) são o aramaico *antuwn anwun* – não um estado fixo de ser, mas um processo em que um self individual (*ina* ou aqui como *an*) aparece e gera "descendentes" – lembranças, experiências e pensamentos (*nw* de *hw*). Por termos um *naphsha*-self, vivemos experiências destinadas a ser a "luz", *nuhre* (incluindo todos os sentidos) que enche o mundo. É assim que surge o mundo como o percebemos, individual e coletivamente. É uma manifestação gerada por *nuhra*, o conhecimento do Conhecedor. Yeshua compara a comunidade de múltiplos sentimentos e impressões sensoriais reagindo dentro de nós e uns com os outros a uma cidade habitada, com seus moradores dando e recebendo, todos vivendo sobre uma montanha formada de fogo (*d'al tuwra*). Essa montanha não pode ser "escondida" (*l'meshka*):

---

* Mateus 5,14: "Vós sois a luz do mundo. Não se pode esconder uma cidade situada sobre um monte".

ofuscada, encolhida ou contraída. Aparecemos como o que somos, mesmo que pensemos que estamos "nos escondendo". "Mundo" é *alma*, não a terra, mas todos os mundos e níveis de forma (24).

Mensagem para Hoje

Longe de ser uma declaração delegando às pessoas a missão de sair e propagar uma doutrina de crenças, essa profunda afirmação designa a natureza da nossa consciência. Isso não quer dizer que tudo o que percebemos ao nosso redor não exista. Por exemplo, um arco-íris não é menos real por sabermos que não é material. No entanto, Yeshua está convencendo seus ouvintes a lembrar de onde vêm nossos sentimentos, pensamentos e percepções individuais, bem como para que se destinam: penetrar os mundos da forma, como também os mundos invisíveis, com a luz da consciência, isto é, com luz, vida e amor.

Talvez a vida esteja lhe pedindo neste preciso momento que mude o lugar de onde você começa a meditar, rezar, fazer terapia ou qualquer outra coisa. Você se pega correndo em círculos, como um *hamster* em uma roda? Em caso afirmativo, você pode sair da roda, diz Yeshua. Todos temos essa capacidade dentro de nós, inserida desde o momento em que nossa alma deu à luz nossa forma. Não precisamos esperar anos para mudar esse ponto de partida ou para que algum mestre ou guia de autoajuda perfeito nos resgate. Podemos começar agora.

Contemplação

Assumindo uma posição confortável, concilio o ritmo da minha respiração com a sensação sutil dos meus batimentos cardíacos, talvez pousando uma das mãos sobre o coração. Então, acrescento a palavra "en-wun" (tornando-se) na inspiração e "nuh-re d' al-mah" (luz e percepção de todos os níveis e mundos) na expiração. Esse é um vínculo direto com minha fonte mais profunda, mais elevada e mais intuitiva. Por meio do meu coração, mergulho na alma, o Grande Sopro que me une a tudo ao meu redor, inclusive ao mundo angelical.

Depois de alguns minutos, libero essas palavras e apenas respiro, sentindo meu coração como um local de reunião das impressões recebidas por todos os meus sentidos. Todos juntos. No centro desse círculo: luz. A luz ilumina e clareia tanto a minha vida individual quanto a percepção do mundo ao meu redor.

Repito esta meditação conforme necessário até poder começar e terminar cada dia nessa montanha de fogo e luz. Então, distribuo ao longo do meu dia inúmeros e breves "momentos de luz" até que essa prática se torne natural – minha "primeira natureza" em vez da segunda.

CAPÍTULO TRINTA E QUATRO

CHAMADO A DESPERTAR: LÁGRIMAS E RISOS

Palavras-chave: hasha, beka, gehek

Ao ser atraído a este dia, tome consciência de alguma tendência a forçar uma risada ou a chorar mais do que o razoável. Você consegue deixar que o riso e o choro sejam livres e espontâneos em você?

Já no seu tempo, Yeshua observou nossa tendência humana a manter-nos na superfície da vida em vez de sondar suas profundezas em direção à Fonte da qual tudo emana. Hoje falamos em alegria forçada ou em derramar "lágrimas de crocodilo" (talvez sendo injustos com os crocodilos). Todavia, pelo menos na cultura ocidental, parece haver diminuído a capacidade de as pessoas perceberem quando alguém está realmente sendo sincero ao expressar suas emoções, pois todas se fecharam mais em seu pequeno self-*naphsha*. Estamos vivendo em um mundo cada vez mais egoísta e centrado em si mesmo. Em vez de empatia verdadeira, com frequência vemos alguém expressar uma emoção falsa que revela falta de empatia para com a pessoa em necessidade, atenta apenas a si mesma e ao seu modo de aparecer.

Assim como o faz com relação a sentir-se cheio e vazio (31), Yeshua oferece um modo simples de verificar se somos realmente maduros (*tubw*) no momento: desviamo-nos compulsivamente de uma situação e tomamos a direção de outra? Em circunstâncias assim, Yeshua reformula o choro e o riso:

> *"Você amadurece quando se sente espremido como uma esponja, lágrimas correndo livremente convidando-o a entrar na dança da vida mais ampla e mais leve da sua alma.*
>
> *"Advertência: Você está em perigo quando sua risada se torna vazia, com a satisfação externa encobrindo a voz da sua alma".**

Raízes e Ramos

Como vimos, as Bem-aventuranças em Lucas destacam a necessidade de termos consciência agora (*hasha*), direta e pessoalmente, do que nossa alma está tentando nos dizer. Para incitar o pequeno self à consciência, Yeshua mostra como um estado desagradável pode levar a uma felicidade que está sempre "na hora certa" (*tubwaykhun*, maduros sois vós) e como um estado

---

* Lucas 6,21,25: "Bem-aventurados vós que agora chorais, porque haveis de rir. ... Ai de vós que agora rides, porque conhecereis o luto e as lágrimas".

agradável compulsivamente alcançado pode ser um toque de alerta (o aramaico *wai*, advertência, em geral traduzido como "ai"). "Chorar" é uma forma de *beka*, ser espremido como uma esponja. "Rir" é uma forma de *gehek*, também significando "ser levado livremente", "rir" ou "dançar".

Mensagem para Hoje

Tendemos a reunir um conjunto de axiomas pelos quais viver, de modo a continuarmos no piloto automático, com as mãos afastadas do volante. Yeshua emprega uma linguagem cujo objetivo é nos sacudir para acordar, tocar o cerne profundo do nosso self e nos preparar para a voz da alma. Ele gostaria que nos déssemos conta de uma tendência a viver tanto experiências negativas como positivas pela recompensa temporária que podem oferecer. Se estivermos em constante harmonia com nossa alma, teremos o suficiente de ambas em nossa vida (38).

Talvez o dia de hoje seja uma ocasião propícia para viver outro momento *hasha*, uma avaliação da realidade ao longo deste dia – especificamente, sobre nossa tendência a nos apegar a uma determinada emoção ou sua expressão simplesmente por ser mais fácil ou mais familiar. Para Yeshua, a vida no tempo e no espaço é, por natureza, limitada e mutável, enquanto a *ruha*-alma é livre. Como Ele diz no Evangelho de Tomé: "Se a carne foi feita por causa do espírito, isso é uma maravilha. Mas se o espírito foi feito por causa da carne, isso é a maravilha das maravilhas. Eu, porém, estou maravilhado diante disto: como tão grande riqueza veio habitar em tanta pobreza" (Dito 29).

Contemplação

Respirando “hah-sha” no coração e em torno dele, mentalizo a intenção de estar no momento presente, entrando em sintonia com a fonte de amor, luz e vida sempre presente quando participo da felicidade da alma.

Então invoco o círculo do meu self interior, a comunidade de vozes ou impressões de “naphsha”. Respiro com a palavra “be-ka”. Lágrimas verdadeiras estão prestes a verter neste momento? Depois de alguns minutos, respiro com “gehek”. Um riso verdadeiro está prestes a ser ouvido neste momento? Consigo respirar com ambas as palavras, ambos os sentimentos, e mantê-los – palavras e sentimentos – no coração? Percebo como, ao longo das mudanças da minha vida, ambos fluíram melhor quando brotaram naturalmente – “tubwaykhun!”

CAPÍTULO TRINTA E CINCO

SEGUINDO EM FRENTE – POR HONESTIDADE INTERIOR E JUSTIÇA EXTERIOR

Palavras-chave: redep, khenuta, malkuta dashmaya

Ao ser atraído a este dia, aproveite a oportunidade para refletir sobre a necessidade de sair da sua "casa exterior" – sua situação na vida – ou da sua "casa interior" – suas ideias, ideais e conceitos prediletos, mas muito limitados.

A cultura popular ocidental é bem ativa nos dias atuais para preservar o senso de conforto dos seus cidadãos – em especial seu bem-estar emocional e mental – daí a proliferação de avisos de gatilho. Para Yeshua, porém, ser desalojado da zona de conforto habitual quase sempre indicava que estávamos seguindo a voz da alma-*ruha*, ouvida nas profundezas do nosso coração. Como podemos descobrir essas profundezas se os resíduos e rejeitos de pensamentos e emoções em sua superfície não são peneirados? Quase no fim das Bem-aventuranças em Mateus, Yeshua comenta que, ao nos tornarmos um canal para a paz da alma, podemos esperar ser transferidos:

*"Sintonizando-se com a maturidade estão aqueles que, por uma questão de honestidade interior e justiça exterior, são projetados além dos limites provisoriamente estabelecidos por outros ou por eles mesmos. Eles estão entrando na vida maior que brilha em torno deles e sendo renovados pela visão e poder dessa mesma vida".**

Raízes e Ramos

"Perseguido" é uma forma do aramaico *redep*: empurrar através ou em direção a algo (projetar), irrompendo da terra como uma fonte de água. "Justiça" é uma palavra que vimos antes (12), *khenuta*, um equilíbrio entre honestidade interior e justiça exterior – no mínimo agindo de acordo com o modo como alguém gostaria de ser tratado. "Abençoados" (*tubwhayhun*) e "Reino dos Céus" (*malkuta dashmaya*) também apareceram na primeira Bem-aventurança (2): uma maturidade encontrada na presença consciente do momento, levando a uma experiência da visão e do poder que criaram o cosmos. A Bem-aventurança seguinte em Mateus (5,11) inclui não só ser "projetado além", mas também ser alvo de inveja, conspiração, difamação e ser lançado (semelhante ao que está em Lucas, ver 29, ou RAJ, Capítulo 3).

* Mateus 5,10: "Bem-aventurados (Abençoados) os que são perseguidos por causa da justiça, porque deles é o Reino dos Céus".

Mensagem para Hoje

A jornada evolutiva que começa com a descoberta da nossa morada na respiração (2) passa por muitos estágios. Yeshua agora inclui a avaliação dos aspectos mais problemáticos da nossa vida com outras pessoas. Enquanto o desejo de "permanecer maduros" pode fazer com que nos afastemos da maioria das interações com as pessoas, em sua oração (27) Yeshua nos adverte a evitar essa possibilidade. Da mesma maneira, ele nos alerta a estar atentos à nossa tendência a culpar os outros e a ignorar a voz que se faz ouvir do fundo do nosso coração. Em vez disso, precisamos exigir honestidade de nós mesmos com uma reflexão clara e calma sobre o estado interior do nosso *naphsha*. Só encontramos equilíbrio e felicidade na sintonia mais profunda do nosso coração com o Grande Sopro e Coração que abre um canal para nossa alma.

Talvez a vida o esteja chamando para rever acontecimentos recentes que o levaram a sentir a necessidade de ir além de uma estrutura externa de comunidade ou família ou de uma "casa" interna construída com sua própria coleção de hábitos, pensamentos, lembranças e até ideais passados. Você pode ser grato pelo que o ajudou a chegar a este ponto, mas mesmo assim afirmar que chegou a hora de levar suas atividades e pensamentos para mais perto do real desejo de sua alma em nome de *khenuta*. Como diz Yeshua no Evangelho de Tomé (42), "Tornai-vos transeuntes".*

* Muitas vezes mal traduzido como "Sede transeuntes".

Contemplação

Começo novamente respirando com o sentimento de "tuh-bway-hun" no coração e em torno dele, deixando que a palavra suba e desça de maneira descontraída.

Em seguida, introduzo toda possível sensação de ser projetado, de ter encerrado uma determinada fase da minha vida ou de me livrar de uma pele velha que me restringe. Com esse sentimento no espelho do meu coração, expiro o som "reh-dehp", indo além, fluindo para fora, e inspiro sentindo "khe-nu-tah", honestidade e justiça. Ao expirar, solto o que estou deixando para trás, e ao inspirar, encaro um futuro mais livre e honesto, centrado no propósito da minha alma.

Ao terminar, abro-me e relaxo sentindo a comunidade maior me esperando – outras possibilidades, pessoas e comunidades. Todas elas fazem parte de "mal-ku-tah dash-may-ah", e ao respirar com essas palavras, posso agora ver, perceber e sentir esse mundo muito maior se abrindo ao meu redor.

CAPÍTULO TRINTA E SEIS

ENCONTRE O RITMO DOS SEUS RELACIONAMENTOS

Palavras-chave: ruha, ahebw, abedu

Ao ser atraído a este dia, recolha-se no centro do seu coração, agora capaz de sentir o ritmo da sua respiração em sincronia com o de uma pessoa ou situação problemática que você está enfrentando. Então, amorosamente, sinta esse ritmo em si mesmo e faça as devidas alterações.

Lidar com pessoas e situações problemáticas normalmente exige muita paciência. Isso significa perder a noção da passagem do tempo e entrar no *agora* das profundezas do coração, com sua janela aberta para nossa alma unida ao Grande Sopro, *ruha*. E então? O próprio método de Yeshua parece consistir, primeiro, em dirigir-nos a esse lugar atemporal e, em seguida, respirar conscientemente, sentindo como o ritmo de um alento mais livre e espontâneo pode entrar e permear o que consideramos complicado. Consigo sentir esse outro ritmo em mim mesmo? Ele difere do meu ritmo habitual?

Como? Essa percepção não requer nenhuma habilidade "extrassensorial" especial, porque como seres humanos todos podemos sentir uma "atmosfera leve" ou "pesada" ao entrar numa sala, por exemplo. No final das Bem-aventuranças em Lucas, Yeshua conclui:

> *"Encontre a respiração e a ação pacientes e amorosas que se harmonizam com o ritmo daquele cuja respiração e ritmo destoam do seu. Então, proponha-lhe uma mudança: em contrapartida à projeção da autoaversão dele por você, faça-lhe um elogio leve, animado e generoso, interna e externamente".**

Raízes e Ramos

"Amar" aqui é uma forma de *ahebw*, um amor paciente, lento em seu desenvolvimento, feito de entrega e acolhimento que pode seduzir e se harmonizar com qualquer pessoa, inclusive aquela que está "fora do ritmo" com você, *bꞌeldbabayka*, que a KJV traduz como "inimigo". Assim, uma situação em que sentimos desarmonia reflete um descompasso em nossa própria respiração. O "ódio" que sentimos vindo em nossa direção, *sane'*, significa uma coloração, como óculos coloridos que a pessoa usa para nos ver (ou com os quais vemos a nós mesmos). Quando isso acontece, Yeshua nos aconselha a fazer algo que a pessoa não espera: brilhar mais intensamente (*shaphiry*, traduzido como "bem/bom"),

---

* Lucas 6,27: "Amai os vossos inimigos, fazei o bem aos que vos odeiam".

oferecendo o elogio ou o reconhecimento que o *naphsha*-self do outro deseja subconscientemente.

Mensagem para Hoje

À primeira vista, o conselho de Yeshua, se não um tanto enganoso, parece pelo menos desafiar o senso comum. Precisamos lembrar que nos ditos das Bem-aventuranças anteriores a este, Ele nos pede repetidas vezes que ouçamos a voz da nossa alma antes de fazer alguma coisa. Nessa visão, nosso pequeno self, nosso senso individual de "eu", é um instrumento para a alma fazer escolhas de vida que revelam sabedoria e compartilham amor. Primeiro, precisamos ser honestos com nós mesmos a respeito de onde viemos. Em seguida, devemos ver as nossas preferências e também as dos outros por meio da luz da paciência da alma. Essa conduta começa com a tolerância mais simples e evolui gradualmente para o respeito, e talvez para a amizade (3). Proceder dessa maneira não significa não ver uma pessoa ou situação com clareza. No entanto, para não continuarmos participando de sua imaturidade em descompasso em relação a nós, precisamos ter certeza de não abrigar ressonâncias dessa desarmonia em nós mesmos. Caso nos deparemos com elas, temos total liberdade e autoridade para liberá-las.

Sim, remédio forte. Esse é o "curso avançado" de Yeshua em maturidade. Talvez a vida esteja lhe pedindo que pare por um momento, livre-se de uma situação e por fim entre na dimensão atemporal da nossa *ruha*. Se considerarmos apenas o aspecto externo de uma situação, nunca perceberemos ou entenderemos o quadro mais amplo mediante nossos sentimentos mais profundos.

Contemplação

Respirando suave e naturalmente no coração e em torno dele, atravesso novamente esta porta de amor e energia vital em direção a um tempo e espaço em que tudo de que preciso já está presente. Inspiro e expiro com os sons "ru-hah" ou "ru-hah d'qud-shah (18)".

Primeiro, absorvo toda a energia amorosa (respirando "ah-heb") que posso desejar. Ela está ao meu redor – abaixo de mim, no centro da terra, e acima de mim, tanto quanto consigo perceber e sentir. Então, visualizo diante do espelho do meu coração a imagem de uma pessoa com quem eu (ou uma parte do meu self) estou tendo problemas. Consigo sentir um vínculo respiratório com essa pessoa? Consigo me manter ligado a esse Grande Sopro da minha alma? Começo a brilhar a partir do recanto mais profundo dentro de mim, ao mesmo tempo em que respiro "shaphir", irradiando uma das minhas autoprojeções e também as de outra pessoa ou situação com a qual estou envolvido. Eu não sou quem o outro pensa que sou, nem quem eu penso que sou.

CAPÍTULO TRINTA E SETE

UMA LÂMPADA ACESA EM SUA CARNE

Palavras-chave: shraga, manhar

Ao ser atraído a este dia, aceite as oportunidades que a vida lhe oferece para assumir a luz da sua alma de modo mais pleno.

Quando as pessoas me falam sobre seu caminho espiritual, um dos principais objetivos que mencionam é que querem assumir sua vida devocional, de oração ou prática e torná-la presente e ativa no seu dia a dia. Essas são intenções admiráveis, mas creio que as pessoas quase sempre querem fazer isso ao longo de pequenas etapas em vez de tudo de uma vez, à semelhança de Agostinho de Hipona, do século IV d.C., conforme ele pede em sua oração: "Senhor, faze-me puro, mas não ainda!".

Yeshua nos lembra que dentro de nós, presente desde o nascimento, podemos encontrar uma luz que nos dá a capacidade de usar nossos sentidos com eficiência. Ela está instalada em cada pessoa. Do contrário, não seríamos capazes sequer de perceber um mundo ao nosso redor ou dentro de nós, e nem de compartilhar o mesmo mundo externo com todos os demais seres humanos. Na sequência de um dito anterior (33), ele compara nossa consciência humana a uma lâmpada:

> *"Ninguém acende uma lâmpada e a coloca debaixo de um copo medidor, distribuindo porções aqui, porções ali. Ele a coloca num castiçal para que sua chama e luz cheguem a toda parte".**

Raízes e Ramos

O que está aqui traduzido como "vela" é o aramaico *shraga*, na verdade uma lâmpada ou qualquer invólucro que permite que a luz irradie (30). A palavra para "luz" é uma forma de *manhar*, acender uma lâmpada, ela mesma uma forma de *nuhra*, mas aqui significando acender fogo a partir de uma substância. A palavra normalmente traduzida como "alqueire" é *sa'ta*, qualquer tipo de recipiente para medição. "Candelabro" é *mnarta*, baseada na palavra para "acender", aqui significando qualquer forma de fogo que possa aumentar e propagar sua luz. "Casa" é *bayta*, inclusive nosso corpo, nossa comunidade e nossa "casa interior" de pensamentos e ideais.

---

* Mateus 5,15: "Nem se acende uma vela e se coloca debaixo do alqueire, mas no candelabro, e assim ela brilha para todos os que estão na casa".

Mensagem para Hoje

Muito antes da época de Yeshua, os antigos viam todas as coisas como contendo fogo, apenas esperando ser aceso para se transformar em calor e luz. O ser humano não era exceção. Na época de Yeshua, as lâmpadas queimavam óleo para produzir fogo e luz. Na nossa vida, o que consumimos aos poucos como combustível é o nosso óleo interior, nosso *naphsha* e sua energia vital incorporada. Yeshua usa uma imagem semelhante na parábola das mulheres que esperavam para participar de uma celebração nupcial, algumas levando seus vasos de óleo, outras não (ver RAJ, Capítulo 5).

Nossa vida no tempo e no espaço é uma oportunidade preciosa para acender o fogo e a luz dentro de nós, os quais emanam de outra fonte, a *nuhra* de *Alaha*. Essa luz procede de uma fonte ilimitada e não consome nossa energia vital incorporada. Pelo contrário, ela intensifica essa energia. Podemos encontrar essa luz ao nosso redor, nas outras pessoas e nas profundezas da natureza. Yeshua expressa essa mesma ideia do seguinte modo: ponha o self individual, *naphsha*, em contato com sua fonte, *ruha*, eu-eu, e você encontrará e se tornará a "luz do mundo", uma vez que a luz, a vida, o amor e a alma verdadeiros de cada pessoa estão interligados com todos e com tudo (33).

Talvez a vida o esteja chamando para refletir sobre o modo como está utilizando o óleo da sua vida. Você o está usando para brilhar sem qualquer restrição, para esconder a luz ou para medi-lo em pequenas frações aqui e ali? Yeshua recomenda a primeira alternativa. Luz é luz. Deixe-a brilhar por toda a sua casa interior e exterior. Então, faça o que deve fazer.

Contemplação

Novamente respirando no coração e em torno dele, entro em sintonia com a luz, sentindo a palavra "nuh-rah" fluindo com a minha respiração, levando-me a profundidades cada vez maiores em uma fusão com o amor, a luz e a energia vital ao meu redor. Não preciso de nenhum método especial ou permissão para sentir isso. É o que está criando meu self humano encarnado e o mundo neste momento.

Então, inspiro sentindo a palavra "man-har" (acender) e expiro sentindo "shrah-gah" (lâmpada). Consigo sentir essa luz e calor em meu coração, inclusive minha paixão e amor individuais? Essa luz maior e mais quente já está aqui, apenas esperando para ser acesa. A centelha: minha intenção sincera de me unir à sua Fonte ao meu redor e no mundo invisível.

Às vezes trago essa combinação de palavras para o meu coração ao passear pela natureza, onde não me sinto limitado. Luz e vida se irradiam ao meu redor.

CAPÍTULO TRINTA E OITO

AMANHÃ SIGNIFICA QUE AS COISAS IRÃO EMBORA

Palavras-chave: sapheq, yawma

Ao ser encaminhado a este dia, aproveite a oportunidade para abandonar o ontem e tudo o que o levou a esquecer que você é verdadeiramente uma ruha ilimitada, um Grande Sopro, vivendo provisoriamente em um pequeno sopro, seu naphsha.

Quanto mais nós, seres humanos, controlamos nosso ambiente (ou acreditamos controlar), mais tendemos a sucumbir a uma ilusão fundamental, do ponto de vista de Yeshua: a de que podemos de algum modo controlar nosso passado e nosso futuro. A única coisa que podemos controlar é o modo como percebemos as coisas, os acontecimentos e os conceitos com que já tivemos contato e como escolhemos sentir e agir no futuro. Yeshua comprova essa afirmação com palavras quase sempre mal compreendidas. Uma perspectiva aramaica oferece uma visão mais sutil, uma concepção que é em si mesma uma meditação:

"Não se torture querendo controlar coisas, realizações ou estados de espírito que você ainda deseja usufruir amanhã. Não é assim que funciona. Amanhã significa que as coisas irão embora.

O tempo e os elementos as levam embora do mesmo modo como as trouxeram, com abundância, enquanto o futuro aguarda observando.

*Cada dia chega ao fim com sua própria cota de imaturidade. Toda iluminação contém em si ação inapropriada suficiente, não havendo necessidade de juntar mais".**

Raízes e Ramos

Essencial aqui é a palavra para "preocupar-se", que realmente significa tentar conter e tornar fixo (*hakhiyl*) um fluxo de fenômenos materiais e pensamentos associados (*tsbphuwn*), um fluxo que não pode ser fixado ou limitado. O que percebemos e pensamos passa (ou, em seu estado natural, deveria passar). Se os rotularmos continuamente como positivos, negativos, agradáveis ou desagradáveis, eles podem se tornar ídolos ou obsessões que se apossam de nós. "Amanhã" é *mchar*, de raízes que significam o que passa para a luz. "Basta" ("Suficiente") é *sapheq*, tudo o que completa um processo ou atividade. "Dia" (*yauma*) também tem relação com a luz, um período ou "partícula" temporária da onda do tempo percebida enquanto tenho um corpo e

* Mateus 6,34: "Não vos preocupeis, portanto, com o dia de amanhã, pois o dia de amanhã se preocupará consigo mesmo. A cada dia basta o seu mal". Ver DW para versão aramaica completa.

"partícula-self" (11). O que completa cada período iluminado para nós, cada dia, cada conjunto de impressões e fenômenos, é o que não está maduro, *bisha*, para o momento seguinte (27). O que podemos vivenciar como "tempo fora do comum" se deve ao modo como nos apegamos às lembranças do passado ou às expectativas do que acreditamos que deve acontecer no futuro.

Mensagem para Hoje

De acordo com Yeshua, é melhor deixar que fragmentos de tempo e os componentes das coisas e pensamentos se dissipem cada dia, em vez de desperdiçar nossa memória vigiando o que achamos que malogrou ou mesmo o que teve êxito. Por que instalar barras mais primorosas ou imponentes em torno da gaiola do nosso *naphsha*, o pequeno self-sopro? Do mesmo modo, Yeshua recomenda não "vigiar" o que pode acontecer amanhã porque seja o que for que o próximo momento apresente deve ser o mais livre possível do momento anterior.

Talvez a vida esteja lhe oferecendo a oportunidade para liberar impressões especiais e significativas do que você acredita ter dado errado no passado, coisas que remói continuamente e que acabam corroendo-o. Ou mesmo para questionar a casa interior de crenças na qual você encontrou uma vida confortável, mas que, em última análise, é limitante e insatisfatória. Essas casas interiores podem nos aprisionar ainda mais do que nossas fraquezas psicológicas percebidas. Em suma, elas não deixam que o nosso Grande Sopro, *ruha*, respire através de nós e crie uma vida renovadora e verdadeiramente livre.

Contemplação

Volto a respirar suave e naturalmente, primeiro sentindo a região do coração e em seguida ampliando para sentir o Sopro de Vida maior, *ruha d'qudsha*, me envolvendo. A respiração em meus pulmões físicos procede desse Grande Sopro. Ele envia o amor e a gratidão que me envolvem e me nutrem de energia vital.

Como reforço, inspiro e expiro atento a duas palavras do dito de Yeshua: inspiro "*sah-feq*", completar, e expiro "*yau-mah*", este dia. Este momento iluminado está se completando, trazendo tudo o que o dia precisa à fruição, maduro ou verde. Apoiando a testa no chão ou na terra – e respirando enquanto sinto meu coração acima da cabeça – consigo liberar mais.

À medida que libero as lembranças do dia que passou, abandono as expectativas do amanhã. O Grande Sopro chega, com amor, luz e vida, e me ajuda a testemunhar as oportunidades que chegam no momento seguinte.

CAPÍTULO TRINTA E NOVE

CAMINHO ABERTO OU FECHADO, EM LINHA RETA OU EM ZIGUEZAGUE?

Palavras-chave: hakima, hewata, yauna

Ao ser dirigido para cá, pense como uma situação pode ser aberta ou fechada. Então, aproveite a oportunidade para assumir uma posição intermediária – na sabedoria mais profunda do coração.

Hoje nos deparamos cada vez mais com esta questão: Até que ponto devemos nos abrir ou nos fechar com relação ao que acontece na nossa vida? O predomínio das mídias sociais intensificou a urgência desse tema. Por um lado, sentimos a tendência humana natural de estar disponíveis e de nos relacionar com nossos semelhantes. Nossa *ruha*-alma está sempre em contato com *Alaha*, e assim o que o nosso *naphsha* sempre quer é estar em contato. No entanto, por outro lado, é possível que você, como eu, tenha chegado à conclusão de que às vezes é mais sensato não divulgar muito o que fazemos ou temos em mente. Esse modo de proceder não contraria o que

Yeshua diz sobre esconder nossa luz debaixo do alqueire, que se refere à nossa intenção e brilho, não necessariamente às nossas ações externas (37).

Nas antigas línguas semíticas, todas as palavras que conotam "planejar" também encerram o sentido de "enganar-se". Como refletimos ontem, apostar muito em nossas expectativas do amanhã em última análise redunda em decepção. Ao mesmo tempo, nossa cultura contemporânea atribui grande valor (embora nem sempre) à atitude de "ser direto" a respeito do que queremos e esperamos de um relacionamento ou emprego, por exemplo. Como ajustar esse círculo aparente? Yeshua nos recomenda encontrar um ponto entre essas alternativas antes de decidir se seguiremos em linha reta ou em ziguezague em direção a um objetivo:

"Às vezes, seja sutil, como a Sabedoria Sagrada –
siga seu caminho espiralado como uma cobra serpenteando
de um lado para outro,
nenhum movimento igual ao anterior.
Inclua tudo, não exclua nada, como Eva, a primeira Mãe
de todos nós.
Às vezes, sinta a paixão da Sabedoria Sagrada –
voe direto para o Amado como uma pomba
em um único movimento, claramente, obviamente.
*Abra suas asas totalmente, já unido ao seu objetivo".**

* Mateus 10,16: "Por isso, sede prudentes como as serpentes e sem malícia como as pombas". Ver RAJ e DW para mais reflexões sobre a Sabedoria Sagrada.

Raízes e Ramos

A palavra-chave aqui, em geral traduzida simplesmente como "sabedoria", é *Hakima*, denominação aramaica para Sabedoria Sagrada na linguagem de Yeshua. Considerando suas raízes, a palavra remete a um conjunto de impressões sensoriais nas profundezas de um centro que "dá sentido" a toda a miríade de coisas que vemos, ouvimos, cheiramos, saboreamos e tocamos por meio da nossa consciência. Quem ou o que nos possibilita dizer, por exemplo, "Eu vejo, cheiro... e assim por diante?" Para os antigos falantes de línguas semíticas, esse era o Sentido Sagrado por trás e no meio de nossos sentidos perceptivos voltados para fora.* A palavra para "serpente" usada por Jesus, *hewata*, também evoca *Hewa*, a primeira "doadora de vida", a Eva bíblica. A palavra para "pomba" é o aramaico *yauna*. No antigo sudoeste asiático, tanto serpentes quanto pombas eram associadas à Sabedoria Sagrada.

Mensagem para Hoje

Poderíamos voltar nossa atenção a todos os nossos sentidos por um momento e sentir seu centro? Em seguida, retornando imediatamente à nossa percepção externa, conseguiria nossa *ruha*-alma escolher um caminho em ziguezague ou em linha reta, um caminho fechado ou aberto, dependendo da situação? Do centro da percepção, tudo surge dessa luz acesa. Yeshua nos

---

* Mais detalhes a esse respeito, ver minha interpretação do texto copta "Thunder, Perfect Mind" em DW.

diz repetidamente que nenhum hábito pessoal de privacidade ou exposição pode servir para o momento seguinte. Ele quase sempre falava em parábolas. E também derrubou as mesas dos cambistas no Templo de Jerusalém.

Talvez a vida o esteja afastando de uma reação impulsiva a uma situação. O caminho da "serpente ou da pomba" pede que primeiro façamos uma pausa e deixemos que a Sabedoria Sagrada nos acolha, abrindo uma janela em nosso coração entre alma e self, *ruha* e *naphsha*. Novamente, parte do "curso avançado" de Yeshua.

Contemplação

Com os olhos entreabertos, respiro novamente no coração e em torno dele. Respiro com a palavra "hah-ki-mah" e relaxo em um espaço que parece estar logo atrás do coração. Em seguida, aos poucos tomo consciência da minha visão, audição, paladar, olfato e tato, um sentido após o outro. Então, sinto todos os sentidos juntos e "caio" no lugar que os une – os braços do Sentido Sagrado.

Só posso permanecer ali por um momento, mas quanto mais relaxo e sinto o coração, mais retorno a esse lugar, mais confortável ele se torna. Descanso. Renovo-me. Revigoro-me.

Respiro e começo a olhar através do coração com os olhos de Hakima. Então, revendo uma situação à minha frente, respiro a palavra "hewata", o caminho da serpente, e percebo a resposta no meu coração sentindo e respirando. Faço a mesma coisa para "yauna", o caminho da pomba. Comparo. Faço tudo de novo ou mais duas vezes, em outro momento, e então volto a agir.

CAPÍTULO QUARENTA

QUE A LUZ BRILHE DESDE O PRINCÍPIO – DE VOCÊ!

Palavras-chave: ninhar nuhrakhun, qadam b'neynasha

Ao ser atraído a este dia, afirme sua capacidade ilimitada de brilhar e expandir-se em obras de amor no momento e lugar certos.

Desde que eu aceite que não sou quem penso que sou... Que meu "eu" está em sintonia através de todos os seres humanos com o que está sempre criando esse "eu", o Único "Eu"...

Que meu corpo físico é um "cadáver", a menos que seja animado por uma luz e energia vital que estão além de mim e também dentro de mim...

Que essa energia do sopro vital procede de um mundo invisível, não de uma reorganização de elementos individuais em meu corpo em formas cada vez mais complexas...

Que há um Coração maior e um Sopro maior dos quais os meus próprios fazem parte – e sempre fizeram, desde antes do nascimento até depois da morte...

Então, tudo que preciso fazer é lembrar sempre mais o que, como vimos (39), pode ser tão simples quanto cair, por meio do meu coração, nos braços do Sentido Sagrado, da Sabedoria Sagrada, ouvindo sua música em todo meu ser. Yeshua comenta:

> *"Deixe que a luz e a consciência dentro de você irradiem desde o primeiro Princípio. Todo o seu self humano então ilumina todas as pessoas.*
>
> *Elas sentem e percebem os resultados no que você faz – trabalho, serviço, amor – todos no momento oportuno. É uma canção que as lembra que uma Fonte criadora e materna maior, visível e invisível, está nutrindo a cada instante, revelando um cosmos feito de vibração e luz".**

Raízes e Ramos

Já vimos a maioria das palavras aramaicas. Formas de "luz", *nuhra*, aparecem duas vezes no início ("brilhe a vossa luz") como *ninhar nuhrakun*. De novo, essa não é apenas luz física, mas nossa capacidade de sentir e perceber por meio dos nossos

* Mateus 5,16: "Brilhe do mesmo modo a vossa luz diante dos homens, para que, vendo as vossas boas obras, glorifiquem vosso Pai que está nos céus". Ver mais em RAJ, Capítulo 5.

sentidos físicos, e também de enviar luz. "Diante dos homens" é *qadam b'neynasha*, que significa "desde antes, desde a formação original" (*qadam*) que está dentro e entre (*b'ney*) todos os seres humanos em sua forma limitada pelo tempo (*nasha*). Então, "antes" não significa apenas "diante de" pessoas. "Boas obras" é uma forma de *abada*, trabalho e serviço que procedem do amor, e *thauba*, maduro, uma forma de *tubw*, no tempo e lugar certos. "Ver" é *nehzun*, de novo significando também ser iluminado (14). "Glorificar" é uma forma de *sheba*, a canção do retorno e da renovação que preenche o cosmos (24).

Mensagem para Hoje

Depois de reavaliar nossa maneira habitual de ver a vida – que só enxerga o que é externo –, a unidade da vida interior e exterior, do visível e invisível, manifesta-se como um profundo alívio. É o "não dualismo" verdadeiro, não uma ideia abstrata dele. Nosso coração, luz, vida e amor estão dentro do Coração maior, mas não separados do que está ao nosso redor. E especialmente não separados da razão por que estamos aqui: para fazer nossas próprias escolhas impregnadas de coração e agir de acordo com elas. Como nós, seres humanos, nos tornamos cada vez mais conscientes da nossa individualidade, a *escolha* é a única dádiva para nós em nosso tempo. Usaremos esse presente para nos tornar ainda mais egoístas e egocêntricos, ou faremos o contrário?

No Evangelho de Tomé, os alunos de Yeshua lhe perguntam: "Como será o nosso fim?" Ele responde: "Já estais procurando o fim. Descobristes o princípio para saber o fim? Vede! O fim estará onde está o princípio. Feliz aquele que está no princípio, pois conhecerá também o fim e não provará a morte. Bem-aventurados os que vêm a ser desde o Princípio, antes de existirem" (Dito 18, 19a).*

Talvez a vida o esteja chamando a abandonar a raiva, a irritação, a indiferença e o tédio, e a sentir a profunda energia vital que resulta da ação de unir seu coração a *ruha*, sua respiração ao Sopro Sagrado. Você já faz parte de tudo isso. Então, ouça a canção do cosmos e toque suas notas na música.

---

* Ver RAJ, Capítulo 8, para mais ressonâncias de Tomé no Evangelho de João.

Contemplação

Respirando no coração, suave e naturalmente, sinto "nin-har" (brilho) na inspiração e "nu-rah-kun" na expiração.

É possível sentir a luz de antes do meu nascimento brilhando através de mim? O que dizer se eu pudesse senti-la? É a mesma luz de antes do início do cosmos. Pode um senso de temor, reverência e admiração me lembrar que essa luz continua depois que minha carne retorna aos seus elementos e minha alma continua sua jornada?

Essa luz só pode brilhar e desenvolver um novo mundo de possibilidades dentro de mim e ao meu redor.

APÊNDICE A

ALGUMAS ORIENTAÇÕES GERAIS PARA RETIROS

Nos últimos quarenta anos, orientei muitas pessoas que desejavam praticar a Oração de Jesus, as Bem-aventuranças ou outros ditos aramaicos de Jesus em seus retiros pessoais. Além disso, fiz muitos retiros ao longo da minha vida espiritual e posso dizer que muitas das minhas experiências realmente transformadoras ocorreram em uma atmosfera de retiro individual ou pessoal. Seguem algumas observações que podem ser úteis:

1. Estar em retiro é descobrir um ritmo de consciência diferente, em geral mais lento, do que é normalmente possível na vida cotidiana. Entrar e sair desses estados pouco ou muito alterados de consciência é algo que se torna mais fácil com a prática. Nenhuma quantidade de prática pode prescrever ou induzir estados de graça ou inspiração de *Alaha*. No entanto, a pessoa pode se preparar para recebê-los.

2. Dedicar-se a práticas espirituais, canto, meditação respiratória e exercícios de consciência corporal durante os retiros facilita o acesso e a saída desses vários estados de consciência. Pintar, desenhar, cantar e várias outras formas de arte enquanto meditação podem induzir formas de ouvir a voz da *ruha*-alma mais claramente. Seguir um modelo estruturado pode ser como uma lente para essa voz e ajudar a desenvolver um senso interior do início, meio e fim de um processo. Começando a descobrir portas e passagens em seu ser, você pode perceber que passa de um retiro mais estruturado para um menos estruturado. Depois de vários retiros, encontrando seu próprio ritmo, você pode observar que a diferença entre "sessões" e "pausas" se torna sem sentido: é apenas *ser*, em retiro.

3. A preparação do *naphsha*-self para que a graça se manifeste exige certa modéstia ou abrandamento dele. Até que ponto estou disposto a realmente receber uma resposta da minha orientação superior, a voz da minha *ruha*? Quão sincera soa minha voz quando digo: "Que o desejo do seu coração reúna o céu e a terra na minha vida"? *Nehwey sebyanach aykanna d'bwashmaya aph b'arha*. O pequeno self deve cooperar, mas a alma deve guiar. Podem ser necessários anos para alcançar esse equilíbrio, mas ele pode também ocorrer em um instante. Somente *khenuta*, sinceridade absoluta, é realmente necessária.

APÊNDICE B

RETIRO COM A ORAÇÃO ARAMAICA (A "ORAÇÃO DO SENHOR")

O que segue são transliterações aproximadas (representadas em caracteres da nossa língua) das frases inteiras em aramaico. Você pode ouvir a pronúncia das palavras, bem como as melodias cantadas correspondentes no meu site em inglês (*https://abwoon.org*, página "Aramaic Jesus Library"), e ainda em *download* do áudio "Prayers of the Cosmos". Se você é novato nesse assunto, opte por usar apenas as palavras-chave no capítulo correspondente neste livro, assinaladas com (nº) abaixo.

A Oração Aramaica de Jesus

A forma da Oração procede de Um para um, de alma para self, e vice-versa.

1. **Abwun d'bashmaya:** *"Ó Nascimento! Pai-Mãe do Cosmos, estais criando tudo o que se move na luz".* (5)

   Eu me lembro da fonte da Realidade como a energia e o poder sempre criadores do cosmos, tão amorosos quanto um pai e uma mãe poderiam idealmente ser. Agradeço seu papel em minha vida até aqui.

2. **Nethqadash shmakh:** *"Liberai o espaço do coração para que o nome-luz-vibração de Abwun irradie para nossa vida".* (6)

   Eu libero e limpo o espaço em meu coração para ouvir a voz da inspiração. Respirando no coração, sinto sua superfície como um espelho que se torna mais e mais claro a cada respiração, capaz de refletir a luz-*shem* de Abwun.

3. **Teyte malkutakh:** *"Que chegue, com urgência, vossa voz de visão e agência, vosso Eu Posso, aqui e agora!"* (10)

   No espaço criado, deixo que a voz do infinito venha através do meu coração. Deixo que tudo o que chegar se estabeleça e enraíze em meu coração.

4. **Nehwe sabyanach aykana d'bashmaya aph b'ar'ah:** *"Que o Sopro da vida crie uma nova manifestação do coração-desejo em mim e através de mim, unindo o céu e a terra, em todos os momentos e aqui e agora na minha vida".* (7)

   Pretendo de todo o coração alinhar visão e propósito na vida, pedindo ao profundo anseio que transforme a visão do que devo fazer em uma realidade prática.

5. **Habwlan lachma d'sunqanan yaomana:** *"Criai para nós o lachma de que precisamos para cada momento de luz que temos nesta vida encarnada".* (11)

Hakima, ou Sabedoria Sagrada, a "mãe" de *lachma*, ou compreensão prática e alimento, me acolhe mais profundamente em meu *naphsha*. Respirando com a minha respiração, ela reúne suas várias "vozes" para que sejam ouvidas e alimentadas. Ofereço a essas vozes o sopro e o alimento da inspiração recebidos na linha anterior.

6. **Washboqlan khaubayn (wakhtahayn) aykana daph khnan shbwoqan l'khayyabayn:** *"Desfazei os nós que apertam meu coração tornando-o rígido, incapaz de retornar ao seu estado natural de fluxo. Ao escolher soltar minha ponta de uma corda, a outra também se solta".* (26)

Libero todas as impressões imaturas que restringem a superfície do meu coração, inclusive as impressões criadas pelo meu self-*naphsha*. A Respiração Sagrada, a fonte do meu "Eu" verdadeiro, fortalece esse processo.

7. **Wela tahlan l'nesyuna ela patsan min bisha:** *"Não nos deixeis entrar no esquecimento, mas livrai-nos da imaturidade".* (27)

Eu me abro e deixo que um canal de bênçãos flua da minha alma-*ruha* para o meu self-*naphsha*. Afirmo a intenção de trilhar um caminho entre ser demasiado exterior e demasiado interior – com alegria.

8. **Metol d'lakhe malkuta wahayla wateshbukhta l'ahlam almin ameyn:** *"Em Vós, de Vós, vive toda visão e poder originais, a energia vital agora, mais a melodia de tudo, uma canção retornando ao coração do cosmos, era após era, mundo após mundo, tempo após tempo, vida após vida. Que eu possa confiar neste sustentáculo da verdade e viver desde aqui".* (24)

   Torno a dedicar toda visão, luta, fracasso e sucesso à Vida Respiratória de Tudo, devolvendo minha canção à harmonia universal.

No fim do retiro, que para maior proveito é recomendável dedicar-lhe oito dias, você pode vivenciar novamente cada verso como uma breve meditação andando, respirando com a frase ou cantando toda a oração. Em seguida, reserve algum tempo para respirar no coração e visualizar sua vida diária com seus desafios e oportunidades, levando a inspiração do retiro a iluminá-los.

APÊNDICE C

RETIRO COM AS BEM-AVENTURANÇAS ARAMAICAS

Seguem transliterações aproximadas (representadas em caracteres da nossa língua) das frases aramaicas inteiras na versão de Mateus. Você pode ouvir a pronúncia das palavras e as melodias cantadas correspondentes baixando o áudio do meu site em inglês "Prayers of the Cosmos". Se você é novato nesse assunto, opte por usar apenas as palavras-chave no capítulo correspondente neste livro, assinaladas com (nº) abaixo.

1. **Tubwayhun l'meskenaee b'rukh dilhounhie malkuta dashmaya:** *"Ditosamente maduros, no momento certo, são aqueles que repousam em ruha como sua primeira e última posse, sua verdadeira morada. Para eles chega – no mesmo momento – a luz e o poder que fluem pela natureza e pelo cosmos".* (2, também 9)

   Deixo-me levar pela sensação da minha respiração e da Respiração Sagrada da qual ela faz parte. Reverencio esta Grande Respiração e peço que guie meu retiro.

Respiro profundamente nos dois lados do meu corpo e abro um canal que, do coração, segue em direção à minha orientação mais elevada acima de mim, a qual se vincula com a "mesa da Sabedoria Sagrada" (as vozes do meu *naphsha*) e daí do coração para meu abdome.

2. **Tubwayhun labwile d'hinnon netbayun:** *"Ditosamente maduros são os que se sentem caindo em um poço sem fundo de confusão e aflição. Deixando que sua alma os apanhe, encontrarão uma nova morada que os confortará e elevará, satisfazendo todos os seus desejos".* (21)

   Deixo que emoções reprimidas ou não sentidas surjam no meu *naphsha*, inclusive tristeza, confusão, raiva e negação. Respiro as palavras-chave na meditação e/ou entoo suavemente a frase para estar presente com esses sentimentos e assim começar a liberá-los.

3. **Tubwayhun l'makikhe d'hinnon nertun ar'ah:** *"Sintonizados com a Fonte e felizes em maturidade são os que afrouxam conscientemente o que é muito rígido neles. Eles recebem sua herança natural de força e cura da dádiva de fazer parte do mundo da natureza, de estar encarnados no tempo e no espaço".* (23)

   Eu me solto e abro a uma nova força e cura da natureza. Caminho e respiro com o poder e a beleza do mundo natural, interna e externamente.

4. **Tubwayhun layleyn d'khaphneyn wa tzheyn l'khenuta d'hinnon nesbuwn:** *"Em feliz maturidade estão os que descobrem sua verdadeira fome e sede – uma vida de honestidade consigo mesmos e de justiça com os outros. Se tiverem fome e sede suficientes, encontrarão um mundo em que isso é possível"*. (12)

Dedico meu coração a *khenuta*, honestidade interior e justiça exterior. *Hakima*, Sabedoria Sagrada, reúne todo o meu *naphsha* para comer, beber e ser bem recebido na minha volta para casa para me unir à minha *ruha*-alma.

5. **Tubwayhun lamrahmane dalayhun nehwun rahme:** *"Absolutamente felizes, no momento certo, são aqueles por quem flui um caudal de amor profundo, pois darão à luz uma vida nova, nunca antes vista, em si mesmos e nos outros"*. (13)

Dessa nova comunhão de self e alma, sinto uma integração com o Coração-Ventre do cosmos (*rahme*) e aguardo o nascimento de um novo "Eu sou" dentro de mim.

6. **Tubwayhun layleyn dadkeyn b'lebhon d'hinnon nehzun l'alaha:** *"Cheios de alegria, felizes no Agora, são os que se sentem plenos em seu coração, pois serão iluminados por sinais da Realidade para onde quer que olhem"*. (14)

Eu sinto meu coração como um altar sobre o qual a inspiração e a visão de *Alaha* – disponíveis a todos – podem aparecer. Caminho com o sentimento dessa frase ou de suas palavras-chave, sentindo o coração como uma luz flamejante que ilumina meu caminho à frente.

7. **Tubwayhun l'abwday shlama dabwnaw(hie) d'alaha nitqarun:** *"Em momento ditosamente maduro vivem todos os que se são semeadores ativos e constantes da paz, canais do momento de criação da Realidade. Ao se esvaziarem (como o caule da planta que conduz os nutrientes), eles serão marcados com o sinal de Alaha, a própria Realidade"*. (15)

   Passos práticos me permitem ver possibilidades antes inimagináveis, que podem tomar forma e sentir uma nova sensação da minha alma tornando-se totalmente encarnada.

8. **Tubwayhun layleyn detrdep metol khenuta dilhounhie malkuta dashmaya:** *"Sintonizando-se com a maturidade estão aqueles que, por uma questão de honestidade interior e justiça exterior, são projetados além dos limites provisoriamente estabelecidos por outros ou por eles mesmos. Eles estão entrando na vida maior que brilha em torno deles e sendo renovados pela visão e poder dessa mesma vida"*. (35)

   Eu sinto a caravana dos ancestrais – especialmente os mestres, profetas, terapeutas e artistas que me inspiraram – caminhando à minha frente. Eu me junto conscientemente a eles, fortalecendo meu sentimento de união com o coração dos que me precedem. Afirmo que deixarei um legado de inspiração para aqueles que virão depois de mim.

9. **Tubwayhun immath damhasdeen l'khon waradpin l'khon wamrin elaykon kul milla bisha metolath b'dagalutha:** *"Amadurecendo agora estão os que, ao ser invejados, projetados além dos seus limites, difamados, seguem meu caminho e compreendem que tudo isso é apenas a teia pegajosa de pretensão do self"*. (29. Para este dito, o livro segue a passagem semelhante em Lucas 6,22, em vez de Mateus 5,11. Ver RAJ para mais detalhes sobre esse ponto.)

Eu excluo as mensagens negativas, recebo a dádiva de energia pura e de atenção por trás delas e as uso para ir mais longe.

10. **Haydeyn hadaw wa rwazw d'agarkhun sgiy bashmaya hakhana geyr r'dapw l'nabiya d'men q'damaykhun:** *"Do ponto do agora, sinta alegria e orientação, a abundância do "que é suficiente". Torne-se o broto principal de uma nova planta do crescimento da Realidade expandindo-se para unir a vida da sua alma ao poder dentro de todas as almas que viajam na caravana profética à sua frente e atrás de você"*. (32)

Meu verdadeiro lar é o cosmos. Na comunhão com a natureza, encontro a criação que me une a todos os seres: meu coração dentro do coração do Ser Único, *Alaha*.

Há maior proveito fazendo este retiro durante nove ou dez dias, com o último dia dedicado à integração do *shem* silencioso de toda a jornada e observando por meio do coração o que a vida lhe oferece no dia de amanhã.

BIBLIOGRAFIA SELECIONADA

Para uma bibliografia completa, ver *Revelations of the Aramaic Jesus*. Charlottesville: Hampton Roads, 2022.

A Biblical Aramaic Lexicon of the Old Testament (Abridged). Texto eletrônico hipertextualizado e preparado pela Accordance Bible Software, Oaktree Software, FL., 1999.

Greek New Testament (Nestle-Aland, 27ª edição, 2ª impressão) (1995). Stuttgart: Deutsche Bibelgesellschaft, 1995. Por meio da Accordance Software como acima, 1993.

Syriac New Testament Peshitta (marcado morfologicamente). George A. Kiraz. Accordance Software, 1993.

Syriac-English New Testament: The Traditional Peshitta Text and the Antioch Bible English Translation. George A. Kiraz, org. Piscataway: Gorgias Press, 2020.

Barfield, Owen. *Saving the Appearances: A Study in Idolatry.* Oxford: Barfield Press, 1998.

D'Olivet, Fabre. *The Hebraic Tongue Restored.* Tradução de Nayan Louise Redfield. A edição de 1921 foi reimpressa em 1991. York Beach, ME: Samuel Weiser, 1815.

Douglas-Klotz, Neil. *The Hidden Gospel: Decoding the Spirituality of the Aramaic Jesus.* Wheaton, IL: Quest Books, 1999.

Douglas-Klotz, Neil. *Desert Wisdom: A Nomad's Guide to Life's Big Questions from the Heart of the Native Middle East.* Edimburgo, Columbus: ARC Books, 2011. [*Sabedoria do Deserto.* Rio de Janeiro: Record, 1996.]

Grondin, Michael W. *Interlinear Coptic/English Translation of the Gospel of Thomas and Coptic/English Lexicon*, 1998. *On-line* na Gnostic Society Library www.gnosis.org.

Kiraz, George Anton. *Comparative Edition of the Syriac Gospels: Aligning the Sinaiticus, Curetonianus, Peshitta and Harklean Versions.* Piscataway: Gorgias Press, 2002.

Sokoloff, Michael. *A Syriac Lexicon.* Piscataway: Gorgias Press, 2009.

Smith, J. Payne, org. *A Compendious Syriac Dictionary.* Oxford: Clarendon Press, 1903.

Thomas, Robert L., org. *New American Standard Exhaustive Concordance of the Bible: Hebrew-Aramaic Dictionary.* Edição Eletrônica. Vancouver, WA: Accordance Software, 1981.

REFERÊNCIAS DAS ESCRITURAS

João 1,4-5.9 *página 58*

"O que foi feito nele era a vida, e a vida era a luz dos homens; e a luz brilha nas trevas, mas as trevas não a apreenderam. ... O Verbo era a luz verdadeira que ilumina todo homem vindo a este mundo".

João 14,13 *página 94*

"E o que pedirdes em meu nome, eu o farei a fim de que o Pai seja glorificado no Filho".

João 15,13 *página 38*

"Ninguém tem maior amor do que aquele que dá a vida por seus amigos".

Lucas 6,20 *página 62*

"Bem-aventurados vós, os pobres, porque vosso é o reino de Deus".

Lucas 6,21,25 *página 162*

"Bem-aventurados vós que agora tendes fome, porque sereis saciados. ... Ai de vós que agora estais saciados, porque tereis fome".

Lucas 6,21,25 *página 176*

"Bem-aventurados vós que agora chorais, porque haveis de rir. ... Ai de vós que agora rides, porque conhecereis o luto e as lágrimas".

Lucas 6,22,26 *página 153*

"Bem-aventurados sereis quando os homens vos odiarem, vos rejeitarem, insultarem e proscreverem vosso nome como infame, por causa do Filho do Homem. ... Ai de vós quando todos vos bendisserem, pois do mesmo modo seus pais tratavam os falsos profetas".

Lucas 6,27 *página 184*

"Amai os vossos inimigos, fazei o bem aos que vos odeiam".

Lucas 11,4 *página 136*

"Perdoa-nos os nossos pecados, pois também nós perdoamos aos nossos devedores".

Marcos 3,28-29 *página 102*

"Na verdade eu vos digo: tudo será perdoado aos filhos dos homens, os pecados e todas as blasfêmias que tiverem proferido. Aquele, porém, que blasfemar contra o Espírito Santo não terá remissão para sempre. Pelo contrário, é culpado de um pecado eterno".

Mateus 5,3 *página 34*

"Bem-aventurados os pobres em espírito, porque deles é o Reino do Céus".

Mateus 5,4 *página 116*

"Bem-aventurados os que choram, porque serão consolados".

Mateus 5,5 *página 129*

"Bem-aventurados os mansos, porque herdarão a terra".

Mateus 5,6 *página 76*

"Bem-aventurados os que têm fome e sede de justiça, porque serão saciados".

Mateus 5,7 *página 80*

"Bem-aventurados os misericordiosos, porque alcançarão misericórdia".

Mateus 5,8 *página 84*

"Bem-aventurados os puros de coração, porque verão a Deus".

Mateus 5,9 *página 88*

"Bem-aventurados os pacificadores, porque serão chamados filhos de Deus".

Mateus 5,10 *página 180*

"Bem-aventurados os que são perseguidos por causa da justiça, porque deles é o Reino dos Céus".

Mateus 5,12 *página 166*

"Alegrai-vos e regozijai-vos, porque será grande a vossa recompensa nos céus, pois foi assim que perseguiram os profetas que vieram antes de vós".

Mateus 5,14 *página 172*

"Vós sois a luz do mundo. Não se pode esconder uma cidade situada sobre um monte".

Mateus 5,15 *página 188*

"Nem se acende uma lâmpada e se coloca debaixo do alqueire, mas no candelabro, e assim ela brilha para todos os que estão na casa".

Mateus 5,16 *página 202*

"Brilhe do mesmo modo a vossa luz diante dos homens, para que, vendo as vossas boas obras, glorifiquem vosso Pai que está nos céus". Ver mais em RAJ, Capítulo 5.

Mateus 6,8 *página 50*

"... porque o vosso Pai sabe do que tendes necessidade antes de lho pedirdes".

Mateus 6,9 *página 46*

"Pai nosso que estás nos céus".

Mateus 6,9 *página 50*

"Santificado seja o teu nome".

Mateus 6,10 *página 53*

"Seja feita a tua vontade, assim na terra como no céu". (Capítulo 7)

Mateus 6,10 *página 53*

"Venha o teu Reino". (Capítulo 10)

Mateus 6,11 *página 72*

"O pão nosso de cada dia dá-nos hoje".

Mateus 6,13 *página 43*

"E não nos deixes cair em tentação, mas livra-nos do mal".

Mateus 6,13 *página 43*

"Porque a ti pertencem o Reino, o Poder e a Glória pelos séculos. Amém".

Mateus 6,22 *página 158*

"A lâmpada do corpo é o olho. Portanto, se o teu olho estiver são, todo o teu corpo ficará iluminado".

Mateus 6,23 *página 98*

"... mas se o teu olho estiver doente, todo o teu corpo ficará escuro. Pois se a luz que há em ti são trevas, quão grandes serão as trevas!"

Mateus 6,33 *página 30*

"Buscai, em primeiro lugar, o Reino de Deus e a sua justiça, e todas essas coisas vos serão acrescentadas".

Mateus 6,34 *página 192*

"Não vos preocupeis, portanto, com o dia de amanhã, pois o dia de amanhã se preocupará consigo mesmo. A cada dia basta o seu mal".

Mateus 7,7 *página 132*

"Pedi e vos será dado; buscai e achareis; batei e vos será aberto".

Mateus 9,17 *página 106*

"Nem se põe vinho novo em odres velhos; caso contrário, estouram os odres, o vinho se entorna e os odres ficam inutilizados. Antes, o vinho novo se põe em odres novos; assim, ambos se conservam". Também Marcos 2,22, Lucas 5,37.

Mateus 10,16 *página 196*

"Por isso, sede prudentes como as serpentes e sem malícia como as pombas".

Mateus 10,39 *página 146*

"Aquele que acha a sua vida, vai perdê-la, mas quem perde a sua vida por causa de mim, vai achá-la".

Mateus 11,28-30 *página 112*

"Vinde a mim todos os que estais cansados sob o peso do vosso fardo e eu vos darei descanso. ... pois o meu jugo é suave e o meu fardo é leve".

Mateus 15,11.17-18 *página 42*

"Não é o que entra pela boca que torna o homem impuro, mas o que sai da boca, isto sim o torna impuro. ... Não entendeis que tudo o que entra pela boca vai para o ventre e daí para a fossa? Mas, o que sai da boca procede do coração e é isto que torna o homem impuro".

Mateus 18,5 *página 94*

"E aquele que receber uma criança como esta por causa do meu nome, recebe a mim".

Mateus 18,18 *página 120*

"Em verdade vos digo: tudo quanto ligardes na terra será ligado no céu e tudo quanto desligardes na terra será desligado no céu".

Tomé 39 *página 62*

"Os fariseus e os escribas tomaram as chaves do conhecimento e as esconderam. Eles não entraram nem deixaram entrar aqueles que queriam entrar".

NOTAS/REFLEXÕES

AOS NOSSOS LEITORES

Hampton Roads Publishing, uma marca da Red Wheel/Weiser, publica livros inspiradores de inúmeras tradições espirituais e perspectivas filosóficas para "o espírito humano em evolução".

Nossos leitores são nosso recurso mais importante, e apreciamos suas contribuições, sugestões e ideias sobre o que gostariam de ver publicado.

Visite nosso site em *www.redwheelweiser.com*, onde você pode conhecer nossos próximos lançamentos e também encontrar links para se inscrever em nossa newsletter e ofertas exclusivas.

Você também pode entrar em contato conosco em *info@rwwbooks.com* ou em

Red Wheel/Weiser, LLC
65 Parker Street, Suite 7
Newburyport, MA 01950

ÍNDICE REMISSIVO